FLEURY VINDRY

DICTIONNAIRE

DE L'ÉTAT-MAJOR FRANÇAIS

AU XVIᵉ SIÈCLE

PREMIÈRE PARTIE

GENDARMERIE

BERGERAC

IMPRIMERIE GÉNÉRALE DU SUD-OUEST (J. CASTANET)

1901

DICTIONNAIRE

DE L'ÉTAT-MAJOR FRANÇAIS
AU XVIᵉ SIÈCLE

FLEURY VINDRY

DICTIONNAIRE
DE L'ÉTAT-MAJOR FRANÇAIS
AU XVI⁰ SIÈCLE

PREMIÈRE PARTIE

GENDARMERIE

BERGERAC

IMPRIMERIE GÉNÉRALE DU SUD-OUEST (J. CASTANET)

1901

MEIS

F. V.

COMPAGNIE DE GRATIEN D'AGUERRE

Fr. 21507,779 — 21508.822,828 — 21509.881.
Fr. 25783.56 — 25785.220.
Clair. 211.657,

	11 Mars 1504	31 mai 1507	10 Juin 1510	16 Sept. 1510	18 Déc. 1510	9 Déc. 1514	28 Mai 1515
Gratien d'Aguerre, gouv. de Mouzon (1).	lt.	lt.	lt.	lt.	lt.	lt.	

COMPAGNIE JEAN D'AGUERRE

Fr. 21520.1451.
Fr. 25793.567.

	25 mai 1516	7 oct. 1518
Cap. Baron d'Aguerre (1).		lt.
Lieut. Charles de Contes (2).		lt.
Ens. Joachim de Roussy (3).		lt.
Guid. Roland d'Avanes (4).		lt.
Maréch. des log. François de Saint-Vincent (5).		lt.

COMPAGNIE BEAUVAIS-PICQUIGNY-PRUNAY

Nouv. acq. fr. 8625, 19, 56 — 8626.18 — 8627.24.
Clair. 260.1679.
Fr. 21526, 1803 — 21528. 1864 — 21530, 1956.
Fr. 25801. 97.

27 août 1564	2 nov. 1564	7 juin 1705	15 nov. 1565	17 nov. 1566	16 nov. 1567	20 nov. 1567	23 sept 1568	28 mai 1569
Cap. M. de Beauvais (1)	M. de Piequigny (6).	It.	It.	It.	It.	Claude de Billy.	It.	It.
Lt Claude de Billy (2).	It.	It.	Josse Mollet.	It.			It.	
Ens. Josse Mollet (3).	It.	It.	François de Vaugines.	It.		Gilles de Donville.	It.	It.
Guid. Louis de Lenoncourt (4).	It.	It.		Gilles de Donville.	It.	François du Bois.	It.	It.
Mar. des log. Gilles de Donville (5).	It.	It.		François du Bois (7).	It.	Charles de Blottelière, sieur d'Heliemont (8)	It.	It.

COMPAGNIE MONTDRAGON

Clair. 275, 1259, 1395.
Fr. 21535, 2142 — 21536, 2197.

20 mars 1573	29 mars 1575	17 oct. 1575	26 juin 1576
Cap. de Montdragon (1).	It.	It.	It.
Lient. J.-B. Couppe.	It.	Aimar de Vacqueyras (2)	It.
Ens.	François de Pertuis.		Truphemant d'Uzanne.
Guid. Aimar de Vacqueyras.	Paul de Croze (3).	It.	It.
Mar. des log. Antoine de Bezaudun.	It.	It.	It.

COMPAGNIE JEAN D'ALBON

Clair. 216.00?.

Nouv. acq. fr. 8617,15 — 8621,18.

Fr. 25785, 215 — 25786, 4, 11 — 25788, 229 — 25791, 390 — 25792, 193 — 25794, 23.

Fr. 21509, 857, 925, 926 — 21510, 942 — 21511, 995, 1016, 1036 — 21512, 1056, 1081 — 21513, 1107, 1136 — 21515, 1233 — 21516, 1258, 1283, 1292, 1295, 1300 — 21517, 1316 — 21518, 1361, 1371, 1379, 1382, 1396 — 21519, 1110.

	10 déc. 1512	23 sept. 1514	30 mai 1515	5 sept. 1516	10 juin 1517	4 févr. 1518	25 juill. 1520	14 avril 1521	17 févr. 1522	10 juin 1522	29 nov. 1522	27 juin 1523	15 juill. 1524	12 janv. 1526	31 août 1526	9 févr. 1528	7 sept. 1529	23 oct. 1532	1532	22 décembre 1532	25 avril 1533	27 juin 1534	5 janvier 1536	27 octobre 1538	30 déc. 1539	26 oct. 1540	25 nov. 1541	4 juin 1542	11 octobre 1543	13 sept. 1544	5 avril 1545	11 janvier 1548	13 oct. 1548
Cap. Jean d'Albon (1)	It.	It.	It.	It.	It.	It.	It.	It.	It.	It.	It.	It.	It.	It.	It.	It.	It.	It.	It.	It.	It.	It.	It.	It.	It.	It.	It.	It.	It.	It.	It.	It.	It.
Lieut.							François de Ferrières.						It.							Arthaut d'Apchon (2)	It.	It.	It.	It.	It.	It.	It.	It.	It.			Nectère de Sinecterre (3)	It.
Ens.																				Gabriel de Raveau, sr de Beauregard (4).	It.	It.	It.	It.	It.	It.	It.	Antoine de la Tour, sr de Saint-Vidal (5).	It.	It.		It.	It.
Guid.																				Claude de Sainte-Agathe (6)	It.	It.	Claude d'Albon (7)	It.	It.			It.		It.	It.	François de Blansat	Jacques de Blansat (8)
Mar. des log.																				Anthoine de la Bretonnière,	It.	It.	It.					Ponthus de Pignon (9)	It.	It.		It.	It.

COMPAGNIE ALAIN D'ALBRET

Fr. 21505, 662 — 21507, 780.
Fr. 25783, 41 — 25784, 82.

10 février 1500	23 févr. 1502	27 juillet 1505	17 juin 1507
Cap. Alain d'Albret (1).	It.	It.	It.
Lieut.			Duras (2).

COMPAGNIE ALBRET-ORVAL

Clair. 244, 813, 817.
Nouv. acq. fr. 8616, 21, 32 — 8617, 14.
Fr. 25784, 93.
Fr. 21505, 667, 676 — 21507, 757, 811 — 21509, 890, 897. — 21510, 967, 980 — 21511, 1028.

17 juin 1500	29 novembre 1500	20 juin 1505	13 nov. 1506	28 févr. 1510	2 juill. 1515	14 nov. 1515	13 févr. 1518	5 janv. 1519	4 mai 1519	13 juill. 1519	18 févr. 1520	22 janv. 1522
Cap. D'Albret-Orval (1)	It.	It.	It.	It.	It.	It.	It.	It.	It.	It.	It.	It.
Lieut.	Christophe de Rochefort.			It.				It.	It.		It.	

COMPAGNIE DES ROIS JEAN ET HENRI D'ALBRET

Clair. 212, 675, 683, 691 — 217, 949 — 249, 1049, 1063 — 251, 1127, 1129, 1155 — 256. 1403 — 80, 93.
Nouv. acq. fr. 8615, 27 — 8621, 9.
Fr. 25792. 478.
Fr. 21508, 856 — 21513, 1122 — 21515, 1127 — 21516, 1260 — 2.522. 1600.
Fr. 3073, 25.

13 décembre 1512	17 déc. 1512	31 mars 1513	25 janv. 1515	30 janv. 1516	28 avril 1513	16 fév. 1526	15 sept. 1526	11 mars et 12 mars 1527	12 mai 1529	12 mars 1530	31 oct. 1530	15 juill. 1544	30 avril 1544	28 juillet 1551	23 avril 1555
Cap. Jean d'Albret, roi de Navarre (1)	It.	It.	It.	It.	Henri d'Albret, roi de Navarre (2)	It.	It.	It.	It.	It.	It.	It.	It.	It.	It.
Lieut. Vicomte d'Estouteville (3).	Bitard d'Albret	It.	It.		Jean de Montpezat, dit Carbon (4)	It.	It.	It.	It.	It.	It.	It.	Antoine de Pardaillan (5)	It.	
Ens.					Jacques de Fontenaille		Arnault de Pardaillan (6)	Antoine de Pardaillan, s^r de Gondrin	It.	It.	It.	It.	Charles d'Arzac (7)	It. et Gaston de Bourbon (8)	It.
Guid.							Charles d'Arzac	It.	It.	It.	It.	It.	Gaston de Bourbon	Jean de Sayac	It.
Mar. des log.												Jacques de la Frette (9)	It.	Antoine de Sauvagnac	

COMPAGNIE GABRIEL D'ALLÈGRE

Fr. 21513, 1133 — 21514, 1167 — 21515, 1201, 1226, 1227, 1245 — 21516, 1266, 1282.
Nouv. acq. fr. 8618, 13.
Fr. 25788, 201 — 25790, 312. — 25789, 250.
Clair. 3, 155,156, 157.

6 janvier 1525	11 juillet 1525	17 février 1526	25 juillet 1526	20 février 1527	13 juillet 1527	30 sept. 1527	24 nov. 1528	3 juin 1529	11 février 1530	27 déc. 1530	1532	1er mars 1531
Cap. Gabriel d'Allègre (1)	lt.	lt.	lt.	lt.	lt.	lt.	lt.	lt.	lt.	lt.	lt.	lt.
Lieut. Jean de St-Prest	lt.		lt.	lt.	lt.	lt.		lt.	lt.	lt.		
Ens. Jean de Mollès			lt.	lt.	lt.	lt.			lt.	lt.		
Guidon			Michel de Larra	Fabien d'Amble-ville	lt.	lt.			François d'Allègre (2)			

COMPAGNIE YVES D'ALÈGRE

Fr. 21526, 1775 — 21527, 1856.

18 avril 1564	20 nov. 1567
Cap. Yves d'Alègre.	It.
Lieut. Jean de la Richardie (2).	
Ens. Jean du Fay (3).	
Guid. Jacques d'Oradour (4).	
Mar. des log. Jean de Saint-Léger (5).	

COMPAGNIE ALLEMAN-LAVAL

Fr. 21514, 1190. — Clair. 248, 1005.
Cap. Charles Alleman, sieur de Laval (1).

COMPAGNIE AMBOISE-AUBIJOUX

Nouv. acq. fr. 8629, 59.
Fr. 21529, 1919 — 21530. 1963.

1er décembre 1568	30 mai 1569	10 mars 1572
Cap. Louis d'Amboise, comte d'Aubijoux (1).	It.	It.
Lieut. François ' Voisins, sr d'Ambres (2).	It.	It.
Ens. Guillaume-Arnault de la Planche, sr de Saint-Paul (3).	It.	
Guid. Jean de Loupiac (4).	It.	
Mar. des log. Jacques de Corbière, sr du Mas (5).	It.	

COMPAGNIE JACQUES D'AMBOISE-BUSSY

Fr. 21508,835.
Fr. 25785,147.

10 mars 1511

Cap. Jacques d'Amboise, sieur de Bussy (1).

COMPAGNIE D'AMBOISE-CHAUMONT

Fr. 21505, 679. — 21506, 718, 729 — 21508, 826.
Fr. 25784, 96.

15 févr. 1504	24 avril 1505	30 mai 1505	31 août 1507	5 déc. 1510
Cap. Charles d'Amboise, sieur de Chaumont (1).	lt.	lt.	lt.	lt.
Lieut.	Bernard de Ricault			lt.

COMPAGNIE ANGENNES-MAINTENON-MONTLOUET

Nouv. acq. fr. 8628, 18 — 8632, 9 — 8633, 65.
Fr. 21531, 2022 — 21536, 2215 — 21537, 2212.
Clair. 275,1243.

6 nov. 1569	11 janv. 1573	18 févr. 1575	30 mars 1576	25 mai 1577	25 octobre 1578	26 avril 1588
Cap. Louis d'Angennes, sieur de Montlouet puis de Maintenon (1).	lt.	lt.	lt.	lt.	lt.	lt.
Lieut. Jean de Pilliers, sieur de Menon (2).	lt.	François de Rabodanges, sieur de Cherville (3).	lt.	Charles de Rossard, s^r de la Gastine (4).	lt.	lt.
Ens.	Jacques de Herment (5).	Charles de Rossard, sieur de la Gastine.	lt.	René de Montireau (6)	lt.	Loup de la Forest, s^r de Saugeville (7)
Guidon René d'Angennes (8).	Cyprien de Vallée	René de Montireau	lt.		Georges de Villiers, s^r de Motelle et Salleville (9).	
Mar. des logis Jacques de la Fontaine, sieur de Saint-Laurent (10).	lt.	Charles de la Barre, sieur de la Poterie (11).	lt.	lt.	Pierre de la Haye, sieur d'Ambilly (12)	Jacques Langlois, sieur de Condé, près Houdan (13).

COMPAGNIE D'ANGENNES-RAMBOUILLET

Nouv. acq. fr. 8625, 21.
Clair. 279, 5513.
Fr. 21528, 1867.

3 octobre 1565	23 octobre 1567	21 septembre 1581
Cap. Jacques d'Angennes, sieur de Rambouillet (1).	lt.	Nicolas d'Angennes (2).
Lieut. Nicolas d'Angennes (2).		Joachim de Bellenave (3).
Ens. Jean de Pilliers (4).		Jean de Morais, sieur de Lory (5).
Guid. Jacques Dunlansel.		Eustache de Ravenel, sieur de Rantigny (6).
Mar. des log. René d'Angennes (7).		Philippe de Roméze, sieur d'Orsonville.

COMPAGNIE VICOMTE D'ESTAUGES

Fr. 21518, 1390.
Nouv. acq. fr. 8620, 26.

2 juillet 1543	15 août 1543
Cap. Vicomte d'Estauges (1).	lt.
Lieut. Christophe de Loven.	
Ens.	Louis de Barlier (2).
Guidon. Roland d'Avesnes.	
Mar. des log.	Jean de Poisson.

Dict. Et.-Maj. — Atlas.

COMPAGNIE D'ANGLURE-ESTOGES

Nouv. acq. fr. 8626. 28.

9 décembre 1567

Cap. Jacques d'Anglure, sieur d'Estoges (1).
Lieut. Gilles de Fresnoy, sieur du Plessis-Gourdin (2).
Ens. Charles de Brême, sieur de Beuboin.
Guid. François d'Anglure, sieur de Coublan (3).
Mar. des log. Jacques de Bouzie (4).

COMPAGNIE NICOLAS D'ANJOU-MÉZIÈRES

Nouv. acqu. fr. 8626, 17.
Fr. 21526, 1809 — 21530, 1971.
Clair. 261, 1761 — 265, 2195 — 270, 3093, 3101.

15 nov. 1565	25 mai 1566	15 nov. 1567	28 oct. 1568	14 juin 1569	20-21 février 1572
Cap. Nicolas d'Anjou, marquis de Mézières (1).	It.	It.	It.	It.	It.
Lieut. Gilbert du Tison, sieur d'Argence (2).	It.		It.	It.	It.
Ens. Artus d'Assigny (3).	It.			Antoine d'Aloigny, sr de la Chaise (4)	It.
Guid. René de Coyne, sieur de Mathiae (5).	It.		It.	It.	It.
Mar. des log. Jean de Devezeau (6).	It.		Bonaventure de Passay		Jacques de la Rochette

COMPAGNIE RENÉ D'ANJOU-MÉZIÈRES

Clair. 242, 751 — 244, 799 — 245, 859, 873.
Nouv. acq. fr. 8616. 34.
Fr. 21510, 969 — 21512, 999, 997, 1061 — 21513, 1095.

11 août 1516	1er mars 1518	21 janvier 1519	5 mars 1520	6 août 1520	13 août 1521	20 janvier 1522	14 juillet 1523	6 juillet 1525
René d'Anjou, sieur de Mézières (1).	It.	It.	It.	It.	It.	t.	It.	It.
Lieut.			François de Beauvais			It.		

COMPAGNIE JEAN D'ANNEBAULT

Fr. 21522, 1555, 1574. — 21524, 1670.
Clair. 254, 1327.
Fr. 25795, 101 — 25798, 101.

3 juillet 1546	11 octobre 1548	30 avril 1550	26 mars 1551	31 juill. 1551	25 oct. 1554	23 avril 1556
Cap. Jean d'Annebault, sieur de la Hunaudaye (1)	It.	It.	It.	It.	It.	It.
Lieut.	Jean de Bailleul (2)		It.	It.	It.	It.
Ens. Raymond d'Arces (3)	Pierre de Chissé (4)		André Alleman (5)	It.	It.	Jean de Pilliers (6)
Guid. Pierre de Chissé (4)	Balthazar de Saluces (7)		It.	It.	Auffroy le Voyer (8)	It.
Mar. des log. Louis d'Alauzon (9).	It.		Jean du Bourg (10)	It.	It.	It.

COMPAGNIE AMIRAL D'ANNEBAULT

Nouv. acq. fr. 8620, 11 — 8621, 23 — 8622, 10.
Fr. 25792. 149.
Fr. 21516, 1291 — 21518, 1385, 1388 — 21519, 1415, 1424 — 21521, 1510.

19 décembre 1532	13 mai 1538	26 mai 1542	18 mars 1543	9 juillet 1545	19 octobre 1545	14 septembre 1549	20 juill. 1551	30 janv. 1552
Cap. Claude d'Annebault (1).	It.	It.	It.	It.	It.	It.	It.	It.
Lieut	Jean de Chambray (2)	It.	It.		It.	Pierre de Harcourt (3)	It.	It.
Ens. Guillaume de Pilliers (4).	It.	It.	It.	Louis de Courseulles (5)	It.	It.	It.	It.
Gond. Jean de Chambray.	François de Vieuxpont (6)	It.		Louis de Harcourt (7)	Pierre de Harcourt	François d'Orsonvillier (8)	It.	It.
Mar. des log.	Pierre de Cosne	It.	It.	Gabriel de Longuemare (9)	It.	It.	It.	It.

COMPAGNIE MONTROND

Fr. 21528, 1879 — 21530, 1949.

7 janvier 1569	2 mai 1569
Cap. Jean d'Apchon, sieur de Montrond (1).	It.
Lieut. Charles d'Apchon, sieur de Chenereilhes (2).	It.
Ens. Jacques d'Apchon (3).	
Guidon Jacques de Pradines (4).	It.
Mar. des log. Antoine de Gironde (5).	It.

COMPAGNIE DUC D'ATRYA

Fr. 21525, 1761.

27 juin 1563

Cap. Duc d'Atrya (1).
Lieut. Nicolas Alamanni (2).
Ens. Vespasien de Macédoine (3).
Guid. Marco-Antonio Alamanni.
Mar. des log. Ottaviano Alamanni.

COMPAGNIE BARON DE CAUSSADE

Fr. 21509.869.
Nouv. acq. fr. 8615. 24.

30 octobre 1513	20 janvier 1514
Cap. Baron de Caussade (1).	It.

COMPAGNIE LOUIS D'ARS

Nouv. acq. fr. 8617, 2 — 8618, 20.

Fr. 25781, 136.

Fr. 21507, 778, 785, 786, 805, 812 — 21508, 821, 827, 844 — 21509, 891, 917 — 21510, 937 — 21512, 1041, 1082.

Clair. 119, 99, 100 — 6, 139.

4 avril 1507	5 janv. 1508	28 février 1508	15 sept. 1509	5 déc. 1509	1er mars 1510	30 août 1510	7 sept. 1510	20 nov. 1510	26 mars 1511	27 août 1515	12 juillet 1516	18 déc. 1516	20 août 1517	15 sept. 1520	5 octobre 1522	17 juillet 1524	1er juillet 1525	2 août 1526
Louis d'Ars (1)	lt.	lt.	lt.	lt.	lt.	lt.	lt.	lt.	lt.	lt.	lt.	lt.	lt.	lt.	lt.	lt.	lt.	lt.
Lieut.		Antoine de Villeneuve				Le bâtard d'Ars	Edmond de Malicorne										Mathurin de la Braudière (2)	lt.
Ens.																	René Acton	lt.
Guid.																		Gabriel de Chamborant (3)

COMPAGNIE AVAUGOUR-VERTUS

Nouv. acq. fr. 8628 (entre 30 et 38).
Clair. 264, 1953.

25 nov. 1567	29 juillet 1569
Cap. Odet de Bretagne, comte de Vertus et d'Avaugour (1).	It.
Lieut. Jean de Savonnières, sieur de la Bretesche (2).	It.
Ens. François Goulart, sieur de Tonnerat (3).	It.
Guid. Mathurin Aubineau, sieur de la Veyrie (4).	It.

COMPAGNIE MARÉCHAL D'AUMONT

Clair. 278, 5159.
Fr. 21536. 2189.

6 avril 1576	27 août 1581
Cap. Jean d'Aumont (1).	It.
Lieut.	Claude de Barbançois, sr de Charon (2).
Ens. Jean de Beauvoisin (3).	It.
Guid. Claude de Barbançois, sieur de Charon (2).	Hardouin Martel, sieur de la Garde (4).
Mar. des log. René de Brezolles, sieur des Bastides (5).	Jean-André de Crémone.

COMPAGNIE GRAMONT

Clair. 262, 1817 — 273, 2809.

9 juin 1566	12 décembre 1573
Cap. Antoine de Grammont (1).	It.
Lieut. Savary d'Aure, sieur de l'Arboust (2).	It.
Ens. Nicolas de Commenge, sieur de Mancieux (3).	It.
Guid. Geoffroy de Grimouville.	Antoine de Rivière, sieur de la Batut.
Mar. des log. Arnaud de Maxes.	Tristan de Beaurepaire.

COMPAGNIE ANTOINE DE BAISSEY

Nouv. acq. fr. 8613, 8.

15 août 1504

Cap. Antoine de Baissey (1).
Lieut. Antoine de Baissey, frère du capitaine.

COMPAGNIE JEAN DE BAISSEY

Fr. 25784, 79 — 25786, 13 — 25798, 117.
Fr. 21507, 761, 774 — 21509, 793, 885.
Nouv. acq. fr. 8615, 13.
Clair. 121, 29, 31, 32, 33. — 120, 7.

	17 janvier 1505	17 juillet 1505	25 sept. 1505	7 fév. 1506	19 juin 1506	21 déc. 1506	1er juin 1509	21 déc. 1509	6 mars 1510	31 octobre 1511	30 avril 1515	2 juin 1515	16 nov. 1515
Cap. Jean de Baissey, sr de Beaumont (1)		It.	It.	It.	It.	It.	It.	It.	It.	It.	It.	It.	It.
Lieut.		Jeannet de Ricault.											

COMPAGNIE MONTSALLÈS

Clair. 261, 1747 — 130.
Fr. 21528, 1887 — 21529, 1922.

16 septembre 1565	31 décembre 1568	10 février 1569	18 mars 1569
Cap. Jacques de Balaguier, sieur de Montsallès (1).	Id.	Id.	Id.
Lieut. Claude de la Chatre (2).	Pons de Morillon (3).		Id.
Ens. Pons de Morillon (3).	Olivier de Rampont (4).		Id.
Guid. Blaise Le Loup (5).	Robert de Saint-Projet.		Id.
Mar. des logis Olivier de Rampont (4).			

COMPAGNIE BALBIANI

Fr. 21512, 1062 — 21513, 1124.
Clair. 120, 17.

16 juillet 1523	26 juillet 1525	19 févr. 1526
Louis de Barbian, comte de Belgiojoso (1).	Id. et Jean-Jérôme de Castillon (2).	Id.

COMPAGNIE DE BALSAC-ENTRAGUES

Clair. 273, 3731 — 274, 3991 — 276, 4047.
Nouv. acq. fr. 8626, 26 — 8630, 76 — 8631, 129.
Fr. 21535, 2167.

9 novembre 1567	14 octobre 1573	5 juin 1574	22 novembre 1575	3 avril 1576	1er juin 1577
Cap. François de Balsac, sieur d'Entragues (1).	It.	It.	It.	It.	It.
Lieut. Martin Cappes.	Abel Lucas de Courcelles (2)	It.	It.	It.	It.
Ens. Abel Lucas, sieur de Courcelles (2).	François de Beaufort, sieur de Maricourt (3).	It.	Charles de Milly, sieur du Plessier (4)	It.	It.
Guid. Jean de Balsac (5).	Charles de Milly, sieur du Plessier.	It.	Georges du Fresnoy (6)	It.	It.
Mar. des log. Claude d'Aussy (7)	Angel Sauve, sieur de Puillé.	It.	It.	It.	It.

COMPAGNIE BALSAC-DUNES

Nouv. acq. fr. 8635, 18.

23 avril 1595

Cap. Charles de Balsac, sieur de Dunes (1).
Lieut. Paul de Cugnac, baron d'Imonville (2).
Ens. Isaac Lamy, baron de Lairy (3).
Guid.
Mar. des log. François de Saint-Martin.

COMPAGNIE ROBERT DE BALSAC

Fr. 21506, 701, 711 — 25783, 28.
Nouv. acq. fr. 8613, 21.

25 février 1501	21 novembre 1501	21 février 1502	7 mars 1503
Cap. Robert de Balsac (1).	It.	It.	It.
Lieut.	Bâtard de Balsac (2)	It.	

COMPAGNIE CHEMERAULT

Clair. 275, 1361 — 276, 1619.

28 octobre 1575	28 mai 1577
Cap. François de Barbezières, sieur de Chemerault (1).	It.
Lieut. Claude de Marconnay, sieur du Tillon (2).	It.
Ens. René de Geoffroy, sieur de Chantoiseau.	It.
Guid. Charles de Chaulx (3).	It.
Mar. des log. Jean de Rechignevoisin, sieur de la Maisonneuve (1.	It.

COMPAGNIE LA BARGE

Clair. 273, 3690 — 274, 4053 — 279, 5613.
Fr. 21534, 2140 — 21535, 2158, 2162 — 21536, 2227.

20 août 1573	21 juin 1574	20 décembre 1574	7 octobre 1575	18 octobre 1575	20 novembre 1577	13 novembre 1581
Cap. De la Barge, baron de Maumont (1)	Id.	Id.	Id.	Id.	Id.	Id.
Lieut. Claude de Beaune (2).	Id.	Id.	Id.	Id.	Id.	Id.
Ens.	François de la Roche, sieur de Saint-Po-lhan (3).	Id.	Id.	Id.	Id.	Id.
Guid. Antoine de la Roche-Morgon, sr de la Mothe (4).	Id.	Id.	Id.	Id.	Balthazar de Rivoire, sr du Palais (5).	Id.
Mar. des log. Henri Faulquier, sieur de Villesainet.	Id.	Id.	Id.	Id.	Id.	Id.

COMPAGNIE DE TERMES

Clair. 255, 1363, 1365.
Nouv. acq. fr. 8622, 7 — 8623, 15, 20.
Fr. 21520, 1466.

18 février 1549	7 mai 1549	16 septembre 1550	28 avril 1551	8 août 1554	14 février 1555
Cap. Paul de la Barthe, sieur de Termes (1).	It.	It.	It.	It.	It.
Lieut. Pierre de Saint-Lary (2).	I°.	It.	It.	It.	Sébastien de Seva (Sera, Seyrac) (3)
Ens. Sébastien de Seva (Sera, Seyrac) (3).	It.	It.	It.	It.	
Guid. Bernard de Seiches	It.	It.	It.	Roger de Saint-Lary (4)	It.
Mar. des log.	Jacques de Giscars (5)	Jacques de Carondelet (6)	It.	I°.	It.

COMPAGNIE IMBERT DE BATARNAY

Fr. 21507, 768 — 21509, 921, 927.
Fr. 25786, 30.

9 mars 1506	19 sept. 1516	13 mars 1517	13 juin 1517
Cap. Imbert de Batarnay, sieur du Bouchage (1)	It.	It.	It.
Lieut.		Gabriel de Murinais (2)	

COMPAGNIE FRANÇOIS DE BATARNAY

Fr. 21507, 789.
Fr. 25784, 92, 107.
Nouv. acq. fr. 8611, 11 — 8515, 2, 7, 9.

1er octobre 1506	3 nov. 1507	3 juin 1508	2 juin 1510	10 déc. 1510	26 février 1511
Cap. François de Batarnay, baron d'Authon (1).	It.	It.	It.	It.	It.

COMPAGNIE RENÉ DE BATARNAY

Fr. 25790, 363 — 25793, 551, 586.

8 juillet 1541	22 décembre 1545	20 déc. 1546
Cap. René de Batarnay, comte de Montrésor (1).	It.	It.
Lieut.	Germain d'Eurre (2).	

COMPAGNIE FRÉDÉRIC DE BAUGÉ

Fr. 21512, 1049.
Nouv. acq. fr. 8619, 33.

3 mai 1523	16 décembre 1527
Cap. Frédéric de Baugé, chevalier de l'Ordre (1).	It.
Lieut. Jean-François de Gonzague (2).	

COMPAGNIE DE LA BAUME-SUZE

Nouv. acq. fr. 8629 — 8631, 123 — 8632, 99.
Fr. 21534, 2106.
Clair. 262, 1819 — 263, 1905 — 266, 2399 — 272, 3637 — 276, 4783 — 120, 37.

10 juin 1566	20 juin 1567	8-10 mai 1569	22 avril 1570	8 mai 1572	30 janv. 1574	27 déc. 1574	1er sept. 1577	24 sept. 1577
Cap. François de la Baume, comte de Suze. (1)	It.	It.	It.	It.	It.	It.	It.	It.
Lieut. Aimar d'Ancezune, sieur de Vinay. (2)	It.	François de Montenart (3)	It.	Louis de Claret, sieur de Truchenuz. (4)	It.	It.	It.	It.
Ens. François de Montenart.	It.	It.	Louis de Claret, sieur de Truchenuz.	Louis de Montenart, sr de la Pierre (5)	It.	It.	It.	It.
Guid. Louis de Claret, sieur de Truchenuz.	It.	It.	Aimar d'Ancezune	Jean de Renaud, sr d'Alein (6).	It.	It.	It.	It.
Jacques de Buvier (7).	It.	It.	It.	Jean de Chaste, s de Gessans (8)	It.	It.	It.	It.

COMPAGNIE DE LA BAUME-MONTREVEL

Clair. 247, 977 — 120, 34.
Fr. 25788, 220.
Nouv. acq. fr. 8616, 7.
Fr. 21509, 909 — 21514, 1150, 1151, 1174 — 21519, 1415.

20 novembre 1515	11 août 1516	27 oct. 1525	31 août 1526	14 mars 1527	12 déc. 1527	16 avril 1547
Marc de la Baume, sieur de Montrevel (1)	It.	It.	It.	It.	It.	Jean de la Baume, sʳ de Montrevel (2)
Lieut.		Jean de Montrevel (2)	It.	It.	It.	Esme de Prie (3)
Ens.			African de Mailly (4)	It.		Etienne de la Baume (5)
Guid.				Guillaume de Chastenay (6)		Pierre de Vernes (7)
Mar. des log.						Jacques de Coursans (8)

COMPAGNIE BOUCHAVANES

Nouv. acq. fr. 8631, 89. — Fr. 21536, 2186.
Clair. 273. 3711 — 274, 4111.

6 octobre 1573	13 juillet 1574	2 oct. 1575	13 mars 1576
Cap. M. de Bouchavanes (1).	It.	It.	It.
Lieut. Jean de Calonne, baron d'Allembon (2).	It.	It.	Charles de Lamet, vicomte de Laon (3)
Ens. François de Bayencourt, sieur de Laiglantier (4).	Charles de Lamet, vicomte de Laon (3).	It.	Florent de Calonne, sʳ de Courtebonne (5).
Guid. Charles de Lamet, vicomte de Laon (3).	Florent de Calonne, sʳ de Courtebonne (5)	It.	Pierre de la Chapelle (6)
Mar. des log. Pierre de la Chapelle (6).	It.	It.	Louis de la Motte (7).

COMPAGNIE BEARN-LA BASTIDE

Fr. 21509, 879, 901 — 21510, 941, 961.
Nouv. acq. fr. 8616, 6.
Clair. 214, 789, 801.

Mai 1515	4 septembre 1515	18 janvier 1516	20 août 1517	2 janv. 1518	25 avril 1518	21 juil. 1518
Cap. Baron de Béarn, sieur de la Bastide (1).	It.	It.	It.	It.	It.	It.
Lieut.	Bertrand de Béarn (2)	François de Béarn (3)			Bertrand de Béarn (2)	

COMPAGNIE ROLLE

Fr. 21522, 1580, 1587.

9 août 1554	12 oct. 1554
Cap. Comte de Rolle (1).	It.
Lieut. Antoine de Rogemont (2).	It.
Ens. Charles de Bounant (Benaut) (3).	It.
Guid. François de Montpagnat (4).	It.
Mar. des log. Antoine de Montlezat (5).	It.

COMPAGNIE LANGEY

Nouv. acq. fr. 8621, 6 — 8623, 30.
Fr. 21519, 1402 — 21520, 1459, 1474 — 21521, 1512 — 21522, 1561, 1571, 1584, 1595 — 21523, 1649, 1619.
Fr. 25799, 495, 554.
Clair. 121, 12.

22 juin 1541	5 mars 1546	17 avril 1550	23 avril 1551	21 avril 155.	28 avril 1553	25 avril 1554	27 juillet 1554	25 oct. 1554	25 janv. 1555	2 novembre 1555	23 janv. 1556	22 avril 1556	28 avril 1557	12 juin 1558
Cap. Martin du Bellay, sieur de Langey (1).	lt.	lt.	lt.	lt.	lt.	lt.	lt.	lt.	lt.	lt.	lt.	lt.	lt.	lt.
Catherin Raillard (2).	Jacques de la Ferrière (3)	lt.	lt.	lt.	lt.	lt.	lt.	lt.		Nicolas de Champagne (4)	lt.	lt.	lt.	lt.
Carle Ambroys (5)	Chrétien d'Ardenay (6)	lt.	lt.	lt.		Léonard de Gironde (7)	lt.	lt.	lt.	lt.	lt.	lt.	lt.	lt.
	Oudart d'Illiers (8)	lt.		lt.	Jacques de Gone (9)	lt.	lt.	lt.	lt.	lt.	lt.	lt.	lt.	Jacques de Coucy (10)
	Louis Le Roy (11)	lt.	lt.	lt.	Philippe de Rambert (12)	lt.	lt.	lt.	lt.	lt.	lt.	lt.	lt.	Christophe d'Es....... (13)

COMPAGNIE THOUARCÉ

Fr. 21538, 2302.

22 août 1593

Cap. Martin du Bellay, sieur de Thouarcé (1).
Lieut. Marin Hamelin, sieur de Naze (2).
Ens. François de Fesques, sieur de la Folie-Herhault (3).
Guid. Pierre Picquencau, sieur de la Fresnaye.
Mar. des log. François de Caulx, sieur de Langes (4).

COMPAGNIE DU MASSÈS

Clair. 265, 2141 — 266, 2283 — 267, 2643.

Juillet 1568	31 mai 1569	26 janv. 1570
Cap. Mérigon du Massès (1).	It.	It.
Lieut.	Jean de Benque (2).	It.
Ens.	Carbon de la Barthe (3).	It.
Guid.	François de Béarn (Béry) (3).	It.
Mar. des log.	Jean Agnel (5).	It.

COMPAGNIE COUSIN DE BEUSSON

Fr. 21517, 818.

28 mai 1510

Cap. Cousin de Beusson (1).
Lieut. Francesco Beusson (2).

COMPAGNIE BIDONNET

Fr. 21519, 1923.

7 janvier 1570

Cap. feu M. de Bidonnet (1).
Lieut. Baptiste de Lamesan (2).
Ens. Bertrand Isalguier, sieur de Montfaucon (3).
Guid. Lancelot de Lourdat (4).
Mar. des log. Manault de Gestas (5).

COMPAGNIE MARÉCHAL DU BIEZ

Nouv. acq. fr. 8619, 33, 34 — 8620, 7, 9, 12, 14, 21, 44 — 8621, 8.
Clair. 124, 25, 36, 37, 38, 49, 54, 52.
Fr. 21512, 1067 — 21513, 112 — 21514, 1150 — 21515, 1212 — 21517, 1329 — 21518, 1355, 1370, 1384, 1387, 1393.
Fr. 25792. 500.

	12 août 1522	30 août 1523	18 janvier 1525	9 août 1526	21 sept. 1527	7 févr. 1530	13 juin 1533	7 mars 1534	26 janv. 1536
Cap.	Oudart du Biez (1)	Id.	Id.	Id.	Id.	Id.	Id.	Id.	Id.
Lieut.				Nicolas de Senlis (2)	Id.			Jacques de foxey (3)	Id.
Ens.				Philippe de Goubert (5)	Id.			Id.	Id.
Guid.				Nicolas de St Blimont (6)				Id.	Id.
Mar. des log.								Florimond d'Ococh (11)	Id.

	28 avril 1536	15 janv. 1537	20 avr. 1537	26 juillet 1537	24 mai 1538	15 oct. 1538	31 août 1539	17 mai 1541
Cap.	Id.	Id.	Id.	Id.	Id.	Id.	Id.	Id.
Lieut.	Id.	Id.	Id.	Id.	Id.	Id.	Id.	Id.
Ens.	Id.	Id.	Id.	Id.	Nicolas de St Blimont (6)	Id.	Id.	Id.
Guid.	Id.	Id.	Id.	Id.	Jacques de Fouquesolles (8)	Id.	Id.	Id.
Mar. des log.	Id.	Id.	Id.	Id.	Id.	Id.	Id.	Id.

	16 janv. 1542	30 sept. 1542	15 mars 1543	5 août 1543	10 octobre 1544	1544	11 avril 1545	1er février 1546
Cap.	Id.	Id.	Id.	Id.	Id.	Id.	Id.	Id.
Lieut.	Id.	Id.	Id.	Id.	Thibault Rouault (4)		Id.	Id.
Ens.	Id.	Id.	Id.	Id.			Jean du Biez (7)	Id.
Guid.	Id.	Id.	Id.	Id.			Jean de Blaisel (9)	Jean de Senlis (10)
Mar. des log.	Id.	Jean de Blaisel (9)	Id.	Id.	Id.		Antoine Viart (12)	Jean de Blaisel (9)

COMPAGNIE CHARLES DE BIRAGUE   COMPAGNIE LUDOVIC DE BIRAGUE

Nouv. acq. fr. 8630, 32 — 8632, 153.

Fr. 21528. 1893.

Clair. 265, 2107 — 270, 3175 — 271, 3397 — 273, 1837, 1955 — 121.

3 juin 1568	4 novembre 1569	16 novembre 1573	4 novembre 1577	20 janv. 1578	29 juin 1578	10 juin 1566	31 mars 1569	30 octobre 1571	28 mai 1572	2 sept. 1572
Cap. Charles de Birague (1).	It.	It.	It.	It.	It.	Cap. Ludovic de Birague (12)	It.	It.	It.	It.
Lieut. Marquis Jérôme Malinxino (2).	Marquis Erasme Mallavicini (3)		I. M. Mallavicini (4)	It.	It.	Lieut. André de Birague (13)		It.	It.	It.
Ens. Giacomo del Pozzo (5).	It.	I. M. Mallavicini (4)	Ludovic de Birague (6)	It.	It.	Ens. I. M. Mallavicini (4)		It.	It.	It.
Guid. Marquis Malaspina (7).	Marquis de Scaldassol (8)	Bias de Birague (9)	It.	It.	It.	Guid. Jean Robertet, sieur de Villeneuve (14)		Melchior Agatico (15)	Bias de Birague (9)	It.
Mar. des log. Giacomo Vismara (10).	It.	Michel Barosso, sieur de Saint-Germain (11).	It.	It.	It.	Mar. des log. Jérôme de Marignan (16).		Michel Barosso, sieur de Saint-Germain (11)	It.	It.

COMPAGNIE BLOSSET-TORCY

Clair, 261, 1727, 1759 — 262, 1827 — 263, 1917 — 271, 3381 — 272, 3689 — 279, 5475 — 121, 67, 68.
Nouv. acq. fr. 8632 (entre 72 et 86).
Fr. 21528, 1906 — 21529, 1943 — 21530, 1988 — 21532, 2038.
Fr. 25805. 485.

21 novembre 1564	4 juin 1565	3 nov. 1565	26 mai 1566	19 nov. 1566	24 nov. 1567	10 mai 1568	22 avril 1569	6 novembre 1569	20 juill. 1571	26 avril 1572	23 août 1572	27 mai 1573	15 juin 1577	23 août 1581
Cap. Jean de Blosset, baron de Torcy (1).	It.	It.	It.	It.	It.	It.	It.	It.	It.	It.	It.	It.	It.	It.
Lieut. Balthazar de la Châtre (2).	It.	It.	It	It.		Adam de Karnazet, sr de Brazeux et Saint-Vrain (3)		It.	It.	It.	It.	It.	It.	Antoine de Mascarel, sr d'Hermanville (4).
Ens. Louis de Blosset (5)	It.	It.	It.	It.		Jérôme de Ruquemorel (6).	It.			It.	It.	It.	Philippe de Blosset (7)	Louis Deffiez, sr de la Ronce (8).
Guid. Adam de Carnazet (3).	It.	It.	It.	It.						Philippe de Blosset, sr de Roussy (7)	It.	It.		Louis d'Oinville, sieur de Saint-Simon (9).
Mar. des log. Louis Le Roy (10).	It.	It.	It.	It.		Claude de Griveau, sieur de Tanqueux (11).		Claude du Buisson, sr de Mondonville (12)		Jean de la Bussière, sr de la Collaye (13)	It.	It.	It.	It.

COMPAGNIE BONNEVAL

Fr. 21510, 938, 955 — 21512. 1066 — 21513. 1127 — 21514. 1163, 1177 — 21515. 1207, 1235 — 21516. 1264, 1265 — 21517. 1339 — 21519. 1444.

Chir. 122, 9, 10, 11, 13, 15, 16.

Fr. 25789, 284 — 25790, 322, 368.

Nouv. acq. fr. 8615, 23 — 8618, 17, 30 — 8619, 10 — 8620, 1.

Fr. 2973. 33.

7 janv. 1516	20 août 1517	21 déc. 1517	1er mai 1518	15 juin 1518	23 juillet 1519	11 août 1523	9 mars 1526	6 sept. 1526
Cap. Jean de Bonneval, sr du Thil (1).	It.	It.	It.	It.	It.	It.	It.	It.
Lieut.			Saint-Gérant (2)					Foucault du Saillant (3)
Ens.								Jean de Théronneau (6)
Guid.								Maurice Chauvet (5)
Mar. des log.								

7 janv. 1516	21, 24 mars 1527	5 sept. 1527	30 déc. 1527	29 février 1529	16 avril 1529	23 sept. 1529	6 déc. 1530	23 août 1531
Cap. Jean de Bonneval, sr du Thil (1).	It.	It.	It.	It.	It.	It.	It.	It.
Lieut.	It.	It.	It.	Jean de Foix (4)	It.	It.		Maurice Chauvet, sr des Brosses (5)
Ens.	It.	It.	It.					Jean de Millars (7)
Guid.	It.	It.	It.	It		It.		
Mar. des log.								

7 janv. 1516	21 avril 1531	28 avril 1534	23 nov. 1535	19 fév. 1536	27 avril 1536	18 mars 1537	4 mars 1542	18 avril 1547	28 avril 1547
Cap. Jean de Bonneval, sr du Thil (1).	It.	It.	It.	It.	It.	It.	It.	It.	It.
Lieut.	It.	It.	It.	It.	It.	It.	It.	It.	It.
Ens.	It.	It.	It.	It.				Joachim de Boislinards (8)	It.
Guid.	Pierre d'Aumont (9)	It.	Guillaume Doullin (10)	It.	It.			René de Montégu (11)	It.
Mar. des log.			Antoine de Lesguille (12)	It.				Jean de Pontlevain (13)	It.

COMPAGNIE BORGIA-VALETINOIS

Fr. 21505, 666.
Fr. 25783, 39.

16 mai 1500	29 janvier 1502
Cap. Borgia, duc de Valentinois (1).	It.

COMPAGNIE DAMMARTIN

Fr. 21515. 1143, 1211.
Clair. 124. 75, 76, 77 — 246, 917 — 219, 1029 — 250. 1067 — 19. 152.

20 juin 1523	19 septembre 1523	8 août 1526	7 février 1527	23 sept. 1527	26 mars 1528	11 avril 1529	5 juillet 1529
Cap. Philippe de Boulainvilliers, sieur de Daumartin (1).	It.	It.	It.	It.	It.	It.	It.
Lieut. Jean de la Queulle (2).	It.	Philippe de Boulainvilliers (3).	It.	It.	It.	It.	It.
Ens. Philippe de Boulainvilliers (3).	It.	Jean de Faiges (4)	It.	It.	It.	It.	It.
Guid. Jean de Faiges (4).	Adrien de Boulainvilliers (5).	It.	It.	It.	It.	It.	It.

COMPAGNIE DUC DE MONTPENSIER

Nouv. acq. fr. 8623, 33, 35 — 8629, 58 — 8630, 84 — 8633, 14.
Clair. 253, 1251, 1255 — 256, 1441 — 259, 1597 — 260, 1681, 1689 — 262, 1805 — 265, 2251 — 274, 3299 — 278, 5343. — 123, 43.
Fr. 21519, 1411 — 21522, 1567, 1601 — 21525, 1764 — 21527, 1844 — 21530, 1964 — 21533, 2078, 2095 — 21535, 2118.
Fr. 25792, 494 — 25800, 12.

27 janvier 1541	2 juillet 1543	14 sept. 1544	10 avril 1545	18 juillet 1552	5 mai 1554	30 avril 1555	26 avril 1556	31 oct. 1556	23 janvier 1560	25 mars 1560	22 janv. 1564	26 nov. 1564	20 févr. 1565	29 mai 1566	28 déc. 1568	6 nov. 1569	29 janvier 1572	18 oct. 1572	31 oct. 1573	5 juin 1574	18 oct. 1574	27 août 1575	23 déc. 1577	24 avril 1581	19 juin 1581
Louis de Bourbon, cr de Montpensier (1)	It.	It.	It.	It.	It.	It.	It.	It.	It.	It.	It.	It.	It.	It.	It.	It.	It.	It.	It.	It.	It.	It.	It.	It.	It.
André de Montalembert (2)	It.	It.	It.	Jean du Bueil, sr de Fontaines (3)	It.	It.	It.	It.	It.	Charles de la Rochefoucauld (4)	Jean d'Aussat (5)	It.	It.	It.	It.	It.	It.	It.	It.	François du Bouchet, sr de Sourches (6)	It.	It.	It.	It.	It.
																François du Bouchet (6)		It.	It.			François du Gué, sr de Méjusseaume (7)	It.		It.
Jean de Barbançois, sr de Charon (8)	It.	It.	François des Hayes (9)	Claude de Rochechouart, sr de Chandenier (10)	It.	It.	It.	It.	It.	François du Bouchet, sr de Sourches (6)	It.	It.	It.	It.	It.	Erard du Bouchet	François du Bouchet (6)	Louis du Bueil, sr de Racan (11)	It.	It.	François du Gué-Méjusseaume (7)	Louis de Bueil (11)	It.	François du Gué (7)	Hughes d'Assy-Rochefolle (12)
Jean de Marconnay, sr de Montaré (13)	It.	Bertrand de Boussac (14)	It.	François du Bouchet, sr de Sourches (6)	It.	It.	It.	It.	It.	Paul Turpin, sr de Montoiron (15)	It.	It.	It.	It.	It.	Louis de Bueil, sr de Racan (11)	It.	Hughes d'Assy, sr de Rochefolle (12)	It.	It.	Louis de Bueil-Racan (11)	Hughes d'Assy-Rochefolle (12)	It.	It.	François de Fors, sr de Boiscourtault
François de Villefavart (16)	It.	It.	It.	It.	Jacques de Langères (17)	It.	It.	Hughes d'Assy, sr de Rochefolle (18)	It.	It.	It.	It.	It.	It.	François de Fors, sr de Boiscourtault	It.	It.	It.	It.	It.	It.	It.	It.	It.	Charles de Lambert (18)

COMPAGNIE HENRI IV

Clair. 257, 1581, 1557, 1611 — 260, 1633 — 270, 3151, 3235 — 271, 3395 — 273, 3779.
Nouv. acq. fr. 8621, 44 — 8625, 3, 6, 10.
Fr. 21525, 1717, 1729 — 21526, 1801 — 21527, 1850 — 21529, 1925 — 21533. 2079.

31 janvier 1560	3 avril 1560	2 mai 1560	5 août 1560	12 nov. 1560	31 oct. 1561	17 novembre 1562	7 mai 1563	7 février 1564	5 octobre 1565	26 avril 1567	25 janvier 1570	6 avril 1571	30 novembre 1571	8 mai 1572	31 oct. 1572	28 octobre 1573
Capit. Henri de Bourbon, prince de Navarre (1).	It.	It.	It.	It.	It.	It.	It.	It.	It.	It.	It.	It.	It.	It.	It.	It.
Lieut. François d'Escars (2).	It.	It.	It.	It.	It.	François d'Escars jusqu'au 5 oct. puis Jean de Losse (3)	It.	Jacques de St-Astier, sr des Bories (4).	It.		It.	It.	It.	Pierre de Rochefort, sr de Beaubois (5).	It.	Henri d'Albret, sr de Miossens (6).
Sous-lieut.								François de Daillon (7)	It.							Jean de Beaumanoir, sr de Lavardin (8).
Ens. Jacques de Saint-Astier, sr des Bories (4).	It.	It.	It.	It.	It.	Joseph de Cochefilet (9)	It.	It.	It.			It.	Henri d'Albret, sieur de Miossens (6)	It.	It.	Bertrand de St-Geniès (10).
Guid. François de Daillon (7).	It.	It.	It.		It.	It.	It.	Bernard de Saint-Geniès (10)	It.			It.	It.	It.	It.	Henri de Bourbon, sr de Malause (11).
Mar. des logis François de St-Laurent (12).	It.	It.	It.	It.	It.	It.	It.	It.	Jean de Campignac	.		Louis de Faulac, sieur de Saint-Orse	It.	It.	It.	It.

COMPAGNIE HENRI DE CONDÉ

Clair. 261, 1731 — 262, 1823 — 273, 3989 — 274, 4091, 4175.
Fr. 21526, 1779.
Nouv. acq. fr. 8635, 15.

7 juin 1564	22 novembre 1564	5 juin 1565	5, 8, 9 nov. 1566	10 janvier 1574	13 juillet 1574	18 oct. 1574
Cap. Marquis de Conti (1).	It.	It.	It.	Henri de Bourbon, prince de Condé (1)	It.	It.
Lieut. de Lombez (2)	It.	De la Personne (3)	De Séchelles (4)	René de Rieux, baron d'Assérac (7)	It.	It.
Ens. d'Espaulx.	De la Personne (3)			Jean de Balsac sieur de Montaigu (8)	It.	It.
Guid. de la Personne (3).	Du Pont (5)	It.	De Fouquesolles (6)	Nicolas d'Aumale, sieur de Haucourt (9)	It.	It.
Mar. des log. Marin du Buisson (6)	It.	It.	It.		Robert de Villiers, sr de Graffinière (10)	It.

COMPAGNIE BOURBON-VENDOME-NAVARRE

Nouv. acq. fr. 8620, 44, 47 — 8622, 4, 48.
Clair. 252, 1187 — 254, 1299 — 257, 1501, 1503 — 258, 1533, 1541, 1554 — 259, 1575, 1615 — 267, 1629.
Fr. 21520, 1481, 1497 — 21524, 1702 — 21525, 1721, 1726, 1731, 1739.
Fr. 25793, 537 — 25800, 12.

11 juillet 1531	31 août 1534	1er mai 1544	6 août 1545	x août 1545	13 oct. 1545	20 juillet 1550	24 juill. 1551	27 oct. 1551	23 janv. 1552	23 avr. 1553	21 janv. 1555	22 juill. 1556
Cap. Antoine de Bourbon, duc de Vendôme (1).	It.	It.	It.	It.	It.	It.	It.	It.	It.	It.	It.	It.
Lieut. de Torcy (2)	It.	Nicolas de Brichanteau (3)	Jean d'Estrées (4)		It.	Nicolas de Brichanteau, s' de Beauvais (3)	It.	It.	It.	It.	It.	It.
Sous-lieut.			Nicolas de Brichanteau (3)	It.	It.	Jacques de Renty (5)	It.	It.	It.	It.	It.	It.
Ens. Hector de Morens (9)	It.	Pierre Desgoix (10)	It.			Guillaume de Launay (6)	It.	It.	It.	It.	It.	It.
Guid. François d'Estrayé (11)	It.	Jacques de Renty (5)	It.		It.	Jacques de Hallwin (12)			It.	Pierre de la Vieuville (7)	It.	It.
Mar. des log.	Rel ad de Vausselle	Enguerrand de Hucqueliers	It.		It.	It.	It.	It.	It.	Charles de Mereksfert (13)	Antoine de Warluzel	It.

11 juillet 1531	22 avr. 1557	27 oct. 1557	15 nov. 1558	13 sept. 1559	13 janv. 1560	22 mai 1560	13 août 1560	31 nov. 1560	25 avr. 1561	6 août 1561	11 nov. 1561	8 nov. 1562
Cap. Antoine de Bourbon, duc de Vendôme (1).	It.	It.	It.	It.	It.	It.	I.	It.	It.	It.	It.	It.
Lieut. de Torcy (2)	It.	It.	Jacques de Renty (5)					It.	It.	It.	It.	It.
Sous-lieut.	It.	It.	Guillaume de Launoy (6)	It.	It.	Pierre de la Vieuville (7)	It.	It.	It.	It.	Claude de Crevant (8)	Pierre de la Rivière
Ens. Hector de Morens (9)	It.	It.	Pierre de la Vieuville (7)	It.	It.	Claude de Crevant (8)	It.	It.	It.	It.		
Guid. François d'Estrayé (11)	It.	It.	Claude de Crevant (8)	It.	It.	François Arn	It.	It.	It.	It.	It.	It.
Mar. des log.	It.	It.	Jérôme de Roquemorel (14)	It.	It.	It.	It.	It.	It.	It.	It.	It.

COMPAGNIE DUC CHARLES DE BOURBON-VENDOME

Clair. 242, 721 — 243, 739 — 244, 803 — 246, 905 — 249, 1011 — 251, 1117, 1115.
Fr. 21511, 992, 1020, 1023 — 21513, 1116 — 21514, 1106 — 21515, 1203, 1220 — 21516, 1255, 1269, 1277,
Fr. 25786, 72.
Nouv. acq. fr. 8619, 6.

28 août 1515	15 janv. 1516	11 juin 1518	17 juill. 1519	9 mars 1520	13 août 1521	21 nov. 1521	1er juin 1523	23 janv. 1526	29 juillet 1526	11 juill. 1527	26 déc. 1528	20 juin 1529	27 juin 1529	20 janv. 1530	19 sept. 1530	20 févr. 1531
Cap. Duc de Vendôme (1). It.	It.	It.	It.	It.	It.	It.	It.	It.	It.	It.	It.	It.	It.	It.	It.	It.
Lieut.		De Chin (2)	It.	De Moy (3)	It.				Jean de Torcy (4)	It.						
Ens.									Hector de Moreul (5)	It.						
Guid.									Jean d'Estrées (6)	It.						

COMPAGNIE DU CONNÉTABLE DE BOURBON

Fr. 21508, 860, 870, 874 — 21509, 892 — 21510, 951, 965 — 21511. 989, 996, 1014.

Clair. 242, 703 — 244, 815 — 245, 857 — 246, 929.

Nouv. acq. fr. 8616, 33.

Fr. 25786, 54.

23 mars 1513	20 juin 1514	20 décembre 1514	24 mai 1515	23 août 1515	3 juin 1515	13 juin 1518	9 janv. 1519	4 mars 1520	31 juill. 1520	28 juillet 1521	25 mars 1522	29 juillet 1523
Cap. Le Duc de Bourbon. (1)	lt.	lt.	lt.	lt.	lt.	lt.	lt.	lt.	lt.	lt.	lt.	lt.
Lieut. Jean d'Albon (2).	lt.	lt.										
Ens. Pierre d'Aspremont. (3)	Jacques de Saint-Aubin	François de Ferrières	La Clayette (4)	lt.			lt.	lt.	lt.	lt.		Pierre d'Espinas (5)
Guid.												Le Peschin (6)
Mar. des log.												

COMPAGNIE BOURBON-RUBEMPRÉ

Nouv. acqu. fr. 8632. 131.
Clair. 261, 1715 — 263, 1909 — 270, 3129 — 123, 38.
Fr. 21532, 2052 — 21533, 2073 — 21534, 2129.
Fr. 25801. 147.

31 mai 1565	27 mai 1566	18 oct. 1567	13 juillet 1571	26 avril 1572	27 sept. 1572	2 janvier 1574	16 juillet 1574	21 septembre 1575	28 juin 1578
Cap. André de Bourbon, sieur de Rubempré (1).	It.	It.	It.	It.	It.	It.	It.	It.	It.
Lieut. Jean de Vieuxpont (2).	It.		Lancelot de Chardon (3)	It.	It.	It.	André-Antoine de Monchy, sieur de Montcavrel (4)	It.	It.
Ens. André de Chazay (5), remplaçant François de Houdenc (6).	It.		François de Belleval (7)	Louis de Grisay	It.	Godefroy d'Amerval (9)	It.	It.	It.
Guid. Lancelot de Chardon (3).	It.		François de Saint-Blimont (10)	It.	It.	It.	It.	François de Créquy, sieur de Langle (11)	It.
Mar. des log. François de Belleval (7).	It.		Louis de Grisay, sieur de Lailly.	Macé de Vaudecart	It.	It.	It.	It.	It.

COMPAGNIE COMTE DE SAINT POL

Clair. 243, 727 — 245, 869 — 246, 909 — 250, 1099, 1101 — 251, 1167 — 252, 1171, 1220 — 253, 1247, 1253, 1289 — 254, 1275, 1293.

Nouv. acq. fr. 8616, 25, 26 — 8619, 2.

Fr. 25789, 292.

Fr. 21512, 1077 — 21513, 1091, 1120, 1132 — 21514, 1195 — 21515, 1212, 1225, 1252 — 21516, 1276 — 21518, 1377, 1380 — 21519, 1423, 1426.

Grade	1er sept. 1515	15 juill. 1518	1er mars 1519	23 nov. 1521	11 juin 1523	23 février 1524	28 juin 1525	2 févr. 1526	21 juill. 1526	1er juill. 1528	23 oct. 1528	11 avril 1529
Cap.	Comte Saint-Pol (1).	It.	It.	It.	It.	It.	It.	It.	It.	It.	It.	It.
Lieut.						Guy de Maugiron (2)	It.	It.				It.
Ens.							Jean de Senicourt (6)	It.				It.
Guid.							La Vernade					Nicolas de Wault, dit Vergallant (5)
Mar. des log.												

Grade	2 juin 1530	7 juill. 1530	1er déc. 1530	28 juin 1531	18 octobre 1538	11 juin 1540	14 juin 1540	11 juin 1541	3 nov. 1541	15 sept. 1542	9 octobre 1544	27 juin 1545	19 oct. 1545	19 nov. 1545
Cap.	It.	It.	It.	It.	It.	It.	It.	It.	It.	It.	It.	It.	It.	It.
Lieut.	It.		It.	It.	Jean de Taix (3)	It.	It.	It.	Jean de St-Gelais		Nicolas de Wault (4)	It.		Louis Bressin (5)
Ens.	It.		It.	It.	Jean de Périgny (7)	It.	It.	It.	It.		Jacques de Champeaux (8)	It.		It.
Guid.	It.		It.	It.	It.	It.	It.	It.	It.		François Le Breton (9)	It.		It.
Mar. des log.					Grandjean Lobligeois (10)	It.	It.	It.	It.		It.			

COMPAGNIE PRINCE DAUPHIN

Nouv. acq. fr. 8626, 7 — 8627, 86, 93 — 8629, 76, 78 — 8631, 20, 23, 95, 100, 16.

Clair. 261, 1711 — 262, 1781 — 265, 2221 — 267, 3629 — 268, 2765 — 271, 4139 — 279, 5593.

Fr. 21527, 1844 — 21533, 2072 — 21536, 2226.

30 mai 1565	23 mai 1566	29 mai 1566	7 juin 1567	26 mars 1569	30 mai 1569	6 nov. 1569	x janv. 1570	28 avril 1572	10 sept. 1572	1er avril 1574	19 août 1574	31 octobre 1575	28 février 1576	9 sept. 1577	23 sept. 1581
Cap. Le Prince Dauphin (1).	It.	It.	It.	It.	It.	It.	It.	It.	It.	It.	It.	It.	It.	It.	It.
Lieut. Antoine de Vienne, sieur de Bauffremont (2).	It.		It.	Bernard de la Roche-Joubert (3)	It.	It.	It.	It.	It.	It.	It.	It.		It.	It.
Ens. Bernard de la Rochejoubert (3)	It.		It.	Louis de Montestruc (4)	It.	It.	It.	It.	It.	It.	It.	It.			It.
Guid. Louis du Plessis (5).	Louis de Montestruc (4)		It.	François du Plessis, sieur de Richelieu (6)	It.	It.	It.	It.	It.	It.	It.	Rostaing de Suze, sieur d'Heyrieu (7)	It.	It.	It.
Mar. des log. Philippe de Jaulnay (8)	It.		It.	Antoine de Barrotes	It.	It.	It.	It.	It.	It.	It.	It.		It.	It.

COMPAGNIE LA ROCHE-SUR-YON

Clair. 254, 1325 — 261. 1717.

Nouv. acq. fr. 8622, 12 — 8625, 9.

Fr. 21521, 1539 — 21522, 1591 — 21524. 1669.

Fr. 25793, 523 — 25795, 35 — 25796, 247 — 25798. 451.

8 avril 1515	19 juin 1546	3 oct. 1548	25 juillet 1551	1er mai 1552	26 avril 1553	25 avril 1554	21 févr. 1555	31 juill. 1555	23 avril 1556	31 mai 1565
Cap. Charles de Bourbon, prince de la Roche-sur-Yon (1).	It.	It.	It.	It.	It.	It.	It.	It.	It.	It.
Lieut. François de la Ferté, sieur d'Usseau (2).	It.	It.	Jean de Gontaut-Biron (3)	It.	It.	Philippe de Bourbon (4)	It.		It.	Innocent de Monterud (5)
Sous-lieut.			René de Naillac, sieur des Roches (6)							
Ens. François de Meung, sieur de la Ferté d'Allone (7).	It.	It.	Jean de Rechignevoisin sr de Guron (8)	It.	It.	It.	It.		It.	Hervé d'Esperon (9)
Guid. François de Barbanson, sieur de Cany (10)	It.	It.	Innocent de Monterud (5)	It.	It.	It.	It.		It.	Claude Racaspé (11)
Mar. des log. Louis Frétard, sieur d'Amyllier (12)	It.	It.	Berthelot de Rochedragon (13)	It.	It.	It.	It.		It.	Jean de la Marche (14)

COMPAGNIE HENRI DE BOURBON-MONTPENSIER

Clair. 276, 4453 — 278, 5097.
Nouv. acq. fr. 8635, 27.

21 juillet 1576	28 janvier 1579	31 août 1597
Cap. Prince de Dombes (1).	It.	Henri de Bourbon, duc de Montpensier (5).
Lieut. François du Plessis, sieur de Richelieu (2).	It.	Alexandre de Vieuxpont, sieur de Neufbourg (6).
Ens. Antoine de Thiboutot, sieur de Ligny-Godard (3).	It.	Pierre de Saluce.
Guid. René du Sazilly, sieur de la Cour d'Avon.	It.	Philippe de Jousserant, sieur de Londigné (7).
Mar. des logis Claude de la Jaille, sieur d'Esblonnières (4).	It.	Philippe de Martainville.

COMPAGNIE BOURBON-CONTI

Nouv. acq. fr. 8634, 80.

4 février 1593

Cap. Prince de Conti (1).
Lieut. Pouilly (2).
Ens. Honorat Prévost, sieur de Chastellier (3).
Guid. Jean de Beauvau.
Mar. des log. Claude de Rilhac, sieur des Hautes-Maisons (4).

COMPAGNIE COMTE DE SOISSONS

Clair. 278, 5169.

13 avril 1579

Cap. Comte de Soissons (1).
Lieut. François de Roncherolles, sieur de Maineville (2).
Ens. Robert de Monchy, sieur de Caveron (3).
Guid. Louis de Fleurigny (4).
Mar. des log. Antoine de Clédie, sieur de Gasches (5).

COMPAGNIE LOUIS DE BOURBON-CONDÉ

Clair. 258, 1549 — 261. 1753 — 263. 1859.
Nouv. acq. fr. 8625, 30.
Fr. 21524, 1607 — 21526, 1823 — 21527, 1849.

15 août 1557	28 mai 1558	5 oct. 1565	21 mai 1566	10 mai 1567	21 mai 1567	2 juin 1567
Cap. Louis de Condé (1).	It.	It.	It.	It.	It.	It.
Lieut. Charles Chabot (2).	It.	Antoine de Bouchavanes (3)	It.			
Ens.	Antoine de Loupiat (4)	Antoine de Crevant, sieur des Roches (5).	It.			It.
Guid. Esme de Ferrières (6)	Adrien des Fossés (7)	Claude de Lyons (8)	Louis de Monchy le jeune, sieur d'Helcourt (9).			It.
Mar. des logis Marc de Loupiat (10).	It.	René de la Hane	It.			It.

COMPAGNIE JEAN DE BOURBON-ENGHIEN

Fr. 21519, 1446 — 21520, 1491 — 21521, 1508.
Fr. 25795, 110, 118.
Clair. 255, 1349, 1381 — 258, 1515.

14 juin 1547	12 juill. 1549	23 juillet 1550	21 oct. 1550	23 janvier 1551	24 oct. 1551	25 janv. 1552	25 juillet 1555
Cap. Jean de Bourbon, sieur d'Enghien (1).	It.	It.	It.	It.	It.	It.	It.
Lieut. François d'Estavayé (2).	It.	It.	It.	It.	It.	It.	André de Bourbon (3)
Sous-lieut.				André de Vendôme (3)	It.		
Ens. François de Paigne (4).	It.	Guillaume de la Vernade (5)	It.		It.	It.	It.
Guidon André de Vendôme (3).	It.	Antoine de Pignan (6)	It		It.	It.	It.
Mar. des log. Antoine de la Bretonnière (7).	It.	It.			It.	It.	It.

COMPAGNIE MATHIEU DE BOURBON

Nouv. acq. fr. 8613, 12, 16, 31.
Fr. 21506, 700, 725, 728.
Fr. 25784, 97.

17 octobre 1501	20 févr. 1502	28 mai 1502	31 juill. 1503	6 août 1503	15 novembre 1503	1504
Mathieu, grand-bâtard de Bourbon (1).	It.	It.	It.	It.	It.	It.
Lieut. Philippe de Chambort.		It.		Duras	Philippe de Chambort	

COMPAGNIE BOURBON-LAVEDAN

Clair. 246, 879 — 247, 937, 95?.
Fr. 25788, 242.
Fr. 21512, 1046.

9 mai 1522	28 janvier 1523	8 août 1523	19 juillet 1524	20 juin 1525
Cap. Hector de Bourbon, sieur de Lavedan (1).	lt.	lt.	lt.	lt.
Lieut.			Bérault de Lille	

COMPAGNIE FRANÇOIS D'ENGHIEN

Clair. 253. 1267.

2 juillet 1543

Cap. François d'Enghien (1).
Lieut. Esme de Régnier (2).
Ens. Urbain de Prunelé (3).
Guid. Jean de Mysemont.

COMPAGNIE ANDRÉ DE BOURDEILLE

Nouv. acq. fr. 8627, 73.
Clair. 265, 2111 — 267, 2677.

8 juin 1568	4 janvier 1569	22 juin 1569
André de Bourdeille (1).	It.	It.
Vespasien de Castelnau, sieur de Mauvissière (2).		It.
	Jean de Montardif, sieur de la Caulx (3)	It.
Jean, baron de Lastours (4).	It.	It.
Marquis de Vaulx (5).	François de Saint-Maurice (6)	Marquis de Vaulx (5)

COMPAGNIE BRÉAUTÉ

Clair. 123, 87 — 264, 2057.

1er mai 1568	22 avril 1569
Cap. Adrien de Bréauté (1).	It.
Lieut. Georges de Grimouville, sieur de l'Archant (2).	
Guid. Jacques Maillard, sieur de la Bigne (3).	It.
Ens. Jacques de Godefroy, sieur d'Aunon (4).	It.
Mar. des log. Antoine Banastre, sieur d'Arcoville (5).	It.

COMPAGNIE FRANÇOIS DU BREIL

Fr. 21529, 1947 — 21530, 1966 — 21531, 2007.

26 avril 1569	1er juin 1569	28 mai 1570
Cap. François du Breil (1).	It.	It.
Lieut. Jean de Trémigon, sieur de la Brosse (2).	It.	Gilles de Donville (3)
Ens. Roland du Breil, sieur de Gouillon (4).	It.	It.
Guid.	François de la Pigelaye (5)	
Mar. des log. François de Thoves (Thores, Thones (6).	It.	It.

COMPAGNIE DU BREIL-LA MAUVOISINIÈRE

Fr. 21527, 1855 — 21530, 1954.

17 nov. 1567	21 mai 1569
Cap. M. de la Mauvoisinière (1).	It.
Lieut. René du Breil, sieur de Lyré (2).	It.
Ens.	
Guid. Philippe Sauvage, sieur de Rheingrat (3).	It.
Mar. des log. Jean Duthueil (ou de Lynel) (4).	

COMPAGNIE LOUIS DE BRÉZÉ

Nouv. acq. fr. 8617, 9 — 8618, 18 — 8619, 3.
Fr. 21510, 954, 963 — 21511, 1001 — 21513, 1087, 1106, 1135 — 21514, 1160, 1196 — 21515, 1223, 1224, 1250 *bis.*

2 juillet 1518	6 oct. 1518	12 sept. 1520	17 fév. 1521	Vers 1525	5 janv. 1526	31 juill. 1526	31 fév. 1527	2 juill. 1528	30 octobre 1528	1er juin 1529	21 mars 1530
Cap. Louis de Brézé (1)	It.	It.	It.	It.	It.	It.	It.	It.	It.	It.	it.
Lieut. Guillaume, bât. de Brézé (2).	It.	It.		Claude d'Annebault (3)		It.	It.	It.	It.	It.	It.
Ens.				Guillaume de Pilliers (4)		It.	It.	It.	It.	Jean de Chambray (5)	Guillaume de Pilliers (4)
Guid.				Jacques d'Angennes (6)		It.	It.	It.	Jean de Chambray 5)	Léonard de Brisquedieu	Jean de Chambray 5)
Mar. des log.											

COMPAGNIE BRIMEU-HYMBERCOURT

Fr. 21507, 796, 809, 813 — 21509, 891.
Clair. 135, 2217.

13 juin 1507	16 juill. 1509	3 janvier 1510	1er mars 1510	23 août 1515
Cap. Adrien de Brimeu, sieur de Hymbercourt (1), succédait à d'Orose, qui succédait lui-même à son oncle Pierre d'Urfé.	It.	It.	It.	It.
Lieut.		De la Mothe.		

COMPAGNIE BRIZAY-BEAUMONT

Clair. 253, 1241 — 120, 44, 45, 47, 48, 49.
Nouv. acq. fr. 8620, 18.
Fr. 25793. 581.
Fr. 21512, 1051, 1073, 1083 — 21518, 1381 — 21519. 1439 — 21520. 1450.

10 mai 1523	2 nov. 1523	13 août 1524	9 juin 1539	25 nov. 1539	14 juin 1541	2 juin 1542	30 avril 1543	17 sept. 1543	6 juill. 1546	1546	9 juin 1548
Cap. De Brizay-Beaumont (1).	It.	It.	It.	It.	It.	It.	It.	It.	It.	It.	It.
Lieut.			Geoffroy de Nuchèze, sr de Baudiment (2).	It.	It.	It.	It.	It.	It.	It.	
Ens.			Antoine de Traves (3).	It.	It.	It.	It.	It.	It.	It.	Claude Savary.
Guid.			Urbain de Trébuchet (4).	It.	It.	It.	It.	It.	It.	It.	
Mar. des log.			Gilles des Grez (5).	It.	It.	It.	It.	It.	It.	It.	It.

COMPAGNIE LA BROSSE-GRAND PRIEUR

Fr. 25800, 13, 47, 70.

13 janvier 1560	4 juin 1562	27 juin 1562
Cap. M. de la Brosse (1).	It.	François de Lorraine (2), grand prieur de France.
Lieut. Eustache de Conflans (3).	It.	It.
Ens.	Claude de Bussy.	It.
Guid. Pierre de Cluys (4).	It.	It.
Mar. des log.	Guyot le Bel (5).	It.

COMPAGNIE DUC D'ETAMPES

Clair. 252, 1213 — 253, 1235 — 255, 1351 — 256, 1439.

Nouv. acq. fr. 8621, 7 — 8623, 13.

Fr. 21518, 1351, 1374 — 21520, 1480 — 21521, 1528, 1543, 1547 — 21522, 1566 — 21523, 1651.

Fr. 25792, 192 — 25796, 283 — 25800, 2, 16.

	6 juillet 1537	24 mai 1538	27 avril 1539	27 juin 1540	13 sept. 1541	11 avril 1545	11 oct. 1548	20 juillet 1551	5 mai 1552	18 juill. 1552	21-30 oct. 1552	3 août 1553	Octobre 1553	2 mai 1554	26 juillet 1554	28 janvier 1556	22 août 1559	20 janv. 1560
Duc d'Etampes (1).	It.	It.	It.	It.	It.	It.	It.	It.	It.	It.	It.	It.	It.	It.	It.	It.	It.	It.
Lieut. Jean d'Estrées (2).		It.	It.	It.	Philippe de Bourbon, sieur de Busset (3).	It.	It.	It.	It.	It.	It.	De Martigues (4).		François de Manton (5).	Charles de Culant (6).		It.	It.
Sous-lieut.		Antoine de Campanes	Raymond de Campanes					Charles de Culant (6).								André de Ragouze (9).		It.
Ens. François de Clinchamp (10).			André de Ragouze (9).	Raymond de Campanes (8).	André de Ragouze (9).	It.	It.	It.	It.	It.	It.	It.			Jacques de Manton	François de Manton (5).	It.	It.
Guid. Gilbert de Jarrie (11).	Charles de Culant (6).	It.		André de Ragouze (9).	Charles de Culant (6).	It.	François de la Chenal (12).	It.	It.	It.				François du Gué (13).	It.	It.	It.	It.
Mar. des log.	Charles de la Paroissaye (14).	It.	It.	It.	It.	It.	Pierre de Bourg (15).	It.	It.	It.	It.	It.		It.	It.	It.	It.	It.

COMPAGNIE BRUGES-LA GRUTHUSE

Fr. 21505, 672, 689 — 21506, 708, 732, 734, 743, 749 — 21507, 802, 804 — 21508, 820, 834, 836, 845.
Fr. 25789, 21, 33, 35.
Nouv. acq. fr. 8613, 23.
Clair. 241, 589.

15 juin 1500	20 août 1500	28 mai 1501	14 août 1501	5 sept. 1502	2 mars 1503	26 déc. 1503	20 mars 1504	29 juin 1504	29 juin 1504	12 sept. 1504	16 sept. 1504	15 sept. 1509	1er déc. 1509	1er juin 1510	9 mars 1511	12 mars 1511	19 mars 1512
Cap. Jean de Bruges, sr de la Gruthuse (1)	It.	It.	It.	It.	It.	It.	It.	It.	It.	It.	It.	It.	It.	It.	It.	It.	It.
Lieut.			Antoine d'Auxy (2)			It.		It.		It							

COMPAGNIE SANCERRE

Clair. 134, 38, 39, 40 — 256, 1434 — 257, 1477 — 258, 1500.
Fr. 21521. 1545.
Fr. 25790. 493.
Nouv. acq. fr. 8622. 26.

25 janv. 1551	29 avril 1552	18 juill. 1552	29 avril 1553	9 août 1553	25 avril 1554	1er janv. 1556	24 avril 1556	27 avril 1557
Cap. Comte de Sancerre (1).	It.	It.	It.	It.	It.	It.	It.	It.
Lieut. Charles de Rochechouart (2).	It.	It.	It.	It.	It.	It.	It.	It.
Ens. Nicolas du Bouschet.	It.	It.	It.	It.	Guyon d'Escorailles, sr de Boran (3).	It.	It.	It.
Guid. Jacques de Silly (4).	It.	It.			Louis de Coesmes (5).	It.	It.	It.
Mar. des log. Jacques du Val (6).	It.	It.	Gilles de Corbattières (7).	It.	It.	It.	It.	It.

COMPAGNIE DE BUEIL-SANCERRE

Clair. 242, 709.

27 mai 1515

Cap. De Bueil-Sancerre (1).
Lieut. de Saint-Habit (2).
Ens. Imbault (3).

COMPAGNIE BUEIL-BOUILLÉ

Nouv. acq. fr. 8632, 7.
Clair. 264, 2105 — 268, 2693 — 269, 2947 — 270, 3077.

26 mai 1568	7 juillet 1569	5 mars 1571	6 févr. 1572	27 janvier 1576
Georges de Bueil, sieur de Bouillé (1)	It.	It.	It.	It.
Lieut. René Clérembault, sieur de la Plesse (2).	René de Montalais, sieur de Fromentières (3).	It.	It.	André de Malherbe, sieur de Gastenois et du Moustié (4).
Ens. François Moreau, sieur de la Maillardière (5).	Claude de Goullaine, s^r de Pommerieux (6).	It.	It.	Renaud de la Marzellière (7).
Guid. François de Cambou, sieur de Corlin (8).	André de Malherbe, sieur de Gastenois (4).	It.	It.	Jean de Ploeuc, sieur de Brigue (9).
Mar. des log. André de Malherbe, sieur de Gastenois (4).	François Perrault, sieur d'Hulst (10).	It.	It.	Jean Los, sieur de Kergauton (11).

COMPAGNIE BUEIL-FONTAINES

Nouv. acq. fr. 8633, 38.
Clair. 276, 4771.

22 septembre 1577	30 août 1581
Honorat de Bueil, sieur de Fontaines 1).	It.
Lieut. Jacques de Maillé, sieur de Bénéhars (2).	It.
Ens. François de Montallais, sieur de Chambellay (3).	It.
Guid. Gilles de Ronsart, sieur de Glatigny (4).	Jean de Bueil, sieur de Chasteaux (5).
Mar. des log. Jean Le Gantier, sieur de la Vallée (6).	Gilles de Ronsart, sieur de Glatign. (4).

COMPAGNIE PRINCE DE MELFI

Clair. 255, 1371.
Nouv. acq. fr. 8621, 15.
Fr. 21518, 1392 — 21519, 1413, 1447 — 21520, 1469.

4 juillet 1543	3 avril 1547	18 juin 1547	28 déc. 1547	2 sept. 1549	13 novembre 1550
Cap. Jean Caracciolo, prince de Melfi (1).	It.	It.	It.	It.	It.
Lieut. Marquis d'Atella (2).	Trojan Caracciolo et Jean Caracciolo	Jules Caracciolo, marquis d'Atella (2).	It.		François d'Ille.
Ens. Baron de Cazelet.	It.	Comte Guillaume de Brayta.	It.	It.	
Guid. Jacques d'Angely.	It.	It.	It.	It.	Croch Zibelli.
Mar. des log. Pierre Faby.			Bartolomeo Greco (3).	It.	It.

COMPAGNIE CORBEIRAN DE CARDILLAC

Nouv. acq. fr. 8639. 57.

1er juillet 1565
Cap. Corbeiran de Cardillac (1).

COMPAGNIE CARDILLAC-SARLABOZ

Clair. 270, 3007 — 273, 3829.
Fr. 21532, 2039.

28 août 1570	3 septembre 1571	20 décembre 1573
Raymond de Cardillac, sieur de Sarlaboz (1).	It.	It.
Lieut. Barthélemy de Mun (2).	It.	It.
Ens. Sébastien de la Palluz.		Jean de Portepain, sieur de la Salle (3).
Guid. Guillaume Delpeuch, sieur de Morier (4).		Guy d'Aigueperse (5).
Mar. des log. Balthazar d'Antin, sieur de Bertères (6).	It.	François de Vacauvère (7).

COMPAGNIE CARMAIN-NEGREPELISSE

Nouv. acq. fr. 8627, 63.
Fr. 21530, 1980.

27 décembre 1568	28 octobre 1569
Cap. Louis de Carmain, comte de Negrepelisse (1).	It.
Lieut. De Saint-Félix (2).	It.
Ens. René de Pins, sieur de Montbrun (3).	It.
Guid. Bertrand de Villeneuve, sieur de Saint-Paul de Foix (4).	It.
Mar. des log. Jean de la Sarrète, sieur de Boussas (5).	It.

COMPAGNIE CARMAIN-NEGREPELISSE

Fr. 21514, 1153, 1162, 1188.
Nouv. acq. fr. 8618, 26.

5 octobre 1526	8 mars 1527	1er mai 1528
Cap. Carmain-Negrepelisse (1).	It.	It.

COMPAGNIE CLERMONT-LODÈVE

Clair. 249, 1047 — 251, 1163.
Fr. 21515, 1200, 1252.
Fr. 25788, 230.
Nouv. acq. fr. 8618, 27.

26 février 1526	5 sept. 1526	22 nov. 1528	25 avril 1530	23 nov. 1530
Cap. de Clermont-Lodève (1).	It.	.It	It.	It.
Lieut. Guyon de Clermont, baron de Saint-Lanne (2).	It.	It.		
Ens. Anne-Antoine de Foix, baron de Rabat (3).	It.	It.		
Guid. Clément, baron de Lers (4).	It.	It.		

COMPAGNIE CLERMONT-LODÈVE

Nouv. acq. fr. 8629, 13.
Clair. 265, 2127.
Fr. 21530, 1961.

10 juin 1568	29 mai 1569	1er déc. 1570
Cap. M. de Clermont-Lodève (1).	It.	It.
Lieut. François d'Orbessan, sieur de la Bastide (2).	Pierre du Massès (3).	It.
Ens. François de Monceaux (4).	It.	
Guid. Pierre du Massès (3).	Carbon de la Mazère, sieur de Grammont (5).	
Mar. des log. Carbon de la Mazère, sieur de Grammont (5).	Gaspard d'Escorailles.	

COMPAGNIE CAUMONT-LAUZUN

Nouv. acq. fr. 8627, 80.
Clair. 266, 2317 — 270, 3073 — 277, 4883.
Fr. 21531, 2026.

16 février 1569	6 février 1572	8 février 1572	5 mai 1578
Cap. François de Caumont, sieur de Lauzun (1).	It.	It.	Gabriel de Caumont, sieur de Lauzun (2).
Lieut.	Gabriel de Caumont, vicomte de Lormy (2).	It.	François de Montferrand (3).
Ens. Charles de Laval, sʳ de Madaillan (4).	Jean de Gourdièges, sieur de Mazières (5).	Ogier de Caumont, sieur de Berbiguières (6).	François de Lestrange, sieur de Pailhe (7).
Guid.	Ogier de Caumont, sieur de Berbiguières (6).		Jean de Lur, vicomte d'Uza (8).
Mar. des log.	Gaston de Gastebois (9).		François du Boys, sieur de la Grèze (10).

COMPAGNIE CASTILLON

Fr. 21513, 1124 — 21514, 1179.

19 février 1526	31 déc. 1527
Cap. Jean-Jérôme de Castillon (1).	It.

COMPAGNIE CURTON

Nouv. acq. fr. 8619, 8 — 8620, 28 — 8622, 6 — 8623, 4.

Clair. 257, 1487.

Fr. 21519, 1435 — 21520, 1153 — 21521, 1546, 1552 — 21523, 1618, 1666.

Fr. 25793, 574 — 25800, 14.

2 avril 1529	3 octobre 1543	15 mars 1546	12 juillet 1546	26 octobre 1548	28 janvier 1551	24 juill. 1553	9 septembre 1553	1554	29 juill. 1554	25 octobre 1555	20 avril 1560	21 janvier 1560
Joachim de Chabannes, sʳ de Curton (1).	It.	It.	It.	It.	It.	It.	It.	It.	It.	It.	It.	It.
		Jean de Hautefort (2).	It.	It.	Gilbert de Hautefort (3).		Jean de Hautefort (2).		It.	Charles de Lévis (4).	It.	It.
	Hughes de Laubier		De Mauléon.	It.	It.	It.		François de Chabannes (5).	It.	It.	It.	It.
	Jean de Hautefort (2).	Gaston de l'Isle (6).	It.	Jean de Chabannes (7).	It.			François de Montboissier (8).	It.	It.	It.	Jean de la Richardye (9).
	Louis de Bouchault.	Le comte Lazare.	It.	Jean d'Arconques.	It.	It.		It.	It.	It.	It.	Jean de Preveranges.

COMPAGNIE MARÉCHAL DE LA PALISSE

Clair. 240, 545 — 247, 963.
Nouv. acq. fr. 8616, 5.
Fr. 25785, 212.
Fr. 21505, 669, 671, 687 — 21506, 697, 698, 751 — 21508, 811 — 21509, 899, 924 —
21510, 935 — 21511, 1026 — 21512, 1043, 1069.

19 juin 1500	17 août 1500	2 déc. 1500	13 mai 1501	31 août 1501	10 févr. 1502	17 oct. 1504	19 avril 1505	20 mars 1511	19 sept. 1514	27 août 1515	5 janv. 1516	6 juin 1517	16 août 1517	31 mars 1521	29 nov. 1521	25 nov. 1522	10 oct. 1523
Cap. Jacques de Chabannes, sieur de la Palisse (1).	It.	It.	It.	It.	It.	It.	It.	It.	It.	It.	It.	It.	It.	It.	It.	It.	It.
Jean de Nocé.	It.	It.	Jean de Torcy (2).	It.	It.	It.	It.	It.	It.	It.				Jacques de Villars (3).			

COMPAGNIE VANDENESSE

Fr. 21509, 910 — 21510, 956, 978.
Nouv. acq. fr. 8616, 20, 30 — 8617, 28.
Clair. 243, 739.

15 janvier 1516	13 août 1516	20 déc. 1517	22 juil. 1518	26 juillet 1519	14 janv. 1520	1er juil. 1523
Cap. M. de Chabannes-Vandenesse (1).	It.	It.	It.	It.	It.	It.
Geoffroy de Chabannes (mort le 15 janv. 1519) (2).			It.	Christophe d'Alègre (3).		It.

COMPAGNIE GUY CHABOT-JARNAC-SAINT-GELAIS-MONTLIEU

Nouv. acq. fr. 8621, 20 — 8623, 29, 31.
Clair. 254, 1277 — 255, 1341 — 256, 1413 — 257, 1483 — 258, 1553 — 261, 1749 — 262, 1839 — 271, 2297. — 27, 32, 39.
Fr. 21522, 1568 — 21526, 1774, 1798.

12 septembre 1511	28 mai 1517	3 févr. 1549	27 octobre 1551	20 juillet 1552	21 avril 1553	6 mai 1554	22 juill. 1554	21 janvier 1556	24 avril 1556	16 mai 1558	2 mars 1565	11 juin 1565	9 oct. 1565	14 nov. 1566	26 avril 1572
Cap. Guy Chabot, sr de Jarnac, Saint-Gelais, Montlieu (1).	It.	It.	It.	It.	It.	It.	It.	It.	It.	It.	It.	It.	It.	It.	It.
Lieut. René de la Chapelle (2).	Charles Chabot (3).	It.	François Jourdain (4).	Charles Chabot (3).	François Jourdain (1).	It.	It.	Jean-Georges de Rochechouart (5).	It.	It.	Léonor Chabot, sieur de Montlieu (6).	It.	It.	It.	It.
Ens. François Jourdain, sr d'Ambleville (1).	It.	It.		It.	Chrétien d'Ardenay	It.	It.	Charles Horry (7).	It.	François d'Estuer, sr de Caussade (8).	François de Saint-Gelais (9).	It.	It.	It.	It.
Guidon Charles Chabot (3).	Jean de Lanes, sr de la Rochechallais (10).	It.	It.	It.	Charles Horry (7).	It.	It.	François d'Estuer, sr de Caussade (8).	It.	Jacques de Savignac (11).	It.	It.	It.	It.	It.
Mar. des log. Gabriel Dauthon.	It.	It.	Luc Trapt.	It.	Charles Martel (12).	It.	It.	It.	It.	It.	It.	It.	It.	It.	It.

COMPAGNIE AMIRAL DE BRION

Clair. 245, 837 — 246, 887 — 249, 1013 — 253, 1237. — 27, 28, 29.

Nouv. acq. fr. 8617, 12, 19 — 8618, 36 — 8619, 9 — 8620, 19.

Fr. 21513, 1093, 1115, 1130 — 21515, 1202, (1220), 1253, (1251 — 21516, 1300) — 21518, 1360.

Fr. 25786, 81.

14 avril 1520	11 sept. 1520	26 nov. 1521	30 avril 1522	17 août 1522	4-6 juil. 1526	20 janvier 1526	1526	27 juill. 1526	13 févr. 1527	28 janvier 1528	13 sept. 1528	1er déc. 1528	10 mai 1529	20 août 1529	10 sept. 1530	19 janv. 1534	27 octobre 1538	1er juill. 1539	4 janv. 1540
Philippe Chabot, sieur de Brion, baron d'Apremont et Saint-Gilles (1).	It.	It.	It.	It.	It.	It.	It.	It.	It.	It.	It.	It.	It.	It.	It.	It.	It.	It.	It.
Gaspard de Paris (2).	It.				It.		Philippe de la Tour, sr de Vatillieu (3).	It.	It.		It.			It.	It.	It.	It.	It.	
						Charles de Glenesse		It.	It.	René de la Chapelle (4).	It.			It.	It.	It.	It.	It.	It.
						Toribio Ceron	It.	It.	It.	It.					It.	It.	Guy Chabot, sr de Jarnac (5).	It.	It.
																	Jean d'Albarade.	It.	It.

COMPAGNIE CHARNY

Nouv. acq. fr. 8624, 13, 39 — 8625, 22 — 8627, 16.
Clair. 259, 1567 — 260, 1627, 1639 — 263, 1893 — 274, 4017 — 277, 4903.
Fr. 21525, 1718 — 21526, 1789 — 21530, 1958. — Nouveau Hozier. 85, d. 1667.

1er juillet 1558	11 nov. 1558	31 juillet 1559	5 août 1560	24 févr. 1562	24 sept. 1562	28 juin 1563	23 mai 1564	18 mai 1565	25 mai 1566	3 juin 1567	23 janv. 1569	28 mai 1569	10 juin 1575	12 janvier 1576	20 oct. 1578
Cap. Léonor Chabot, comte de Charny (1).	Id.	Id.	Id.	Id.	Id.	Id.	Id.	Id.	Id.	Id.	Id.	Id.	Id.	Id.	Id.
Claude de Savary (2).	Id.	Id.	Id.	Id.	Id.	Jean de Chourses, sieur de Brémian (3).	Id.	Id.	Id.	Id.	Id.		Charles de Stainville, sr de Pouilly (4).	François de la Magdeleine, sr de Ragny (5) (nommé le 26 octobre 1575).	Id.
Jean de Cazela (6).	Id.	Id.	Id.	Id.	Id.	Jean de Maillé, sieur de Bénéhars (7).	Id.	Id.	Id.	Id.	Id.	Id.	François de la Morissière, sieur de Vieques (8).	Id.	Id.
Philippe de Fay, sieur de Cazela (9).	Id.	Id.	Id.	Id.	Id.	Zacharie Guérin, sieur de Beausse (10).	Id.	Id.	Id.	Id.			Pierre d'Aloigny, sieur de Rochefort (11).	Id.	Id.
Jean de Dampierre.	Id.	Aubin de Dampierre	Id.	Id.	Id.	Michel de la Mare, sieur du Tremblay	Id.	Id.	Id.	Id.		Id.	Id.	Id.	Id.

COMPAGNIE DE CLERVAUX

Clair. 263, 1921 — 268, 2695.
Fr. 21531, 2010.

11 novembre 1567	10 juin 1569	10 juillet 1570
Cap. Paul Chabot, sieur de Clervaux (1).	It.	It.
Lieut. Jacques d'Illiers, sieur de Beaumont (2).	Pierre Alliday, sieur de Cherves (3).	
Ens. Antoine de la Chataigneraye (4).	It.	Léonard Martel, sieur de Tricon (5).
Guid. Pierre Alliday, sieur de Cherves (3).	Léonard Martel, sieur de Tricon (5).	
Mar. des log. Jacques de Sordunois, sieur de la Rivière.	Jean Vigier, sieur de Rougemont.	It.

COMPAGNIE FRANÇOIS CHABOT

Nouv. acq. fr. 8633, 54.

22 février 1581

Cap. François Chabot (1).
Lieut.
Ens. Imbert de Rochefort.
Guidon Esme de Malin (2).
Mar. des log. Antoine Penerot.

COMPAGNIE ROCHEBARON

Clair. 246, 913 — 249, 1019. — 27, 68.
Fr. 25787, 103.

27 avril 1522	16 juin 1523	15 juin 1525	31 juillet 1526
Cap. Claude de Chalençon, sieur de Rochebaron (1).	It.	It.	It.
Lieut.	Claude Lay, sieur de Bellegarde (2).		It.
Ens.	Tristan de Brezons.		It.
Guid.	Jean de Bryon (3).		

COMPAGNIE COMTE DE CHALLANT

Fr. 21513, 1129 — 21515, 1187, 1247.
Fr. 25789, 283.
Clair. 249, 1055.

17 mars 1526	16 févr. 1527	29 avril 1528	28 sept. 1529	24 mars 1530
Cap. Comte de Challant (1).	It.	It.	It.	It.

COMPAGNIE PRINCE D'ORANGE

Fr. 21506, 678, 692.
Clair. 240, 527, 533.

24 février 1500	2 déc. 1500	3 mars 1501	30 nov. 1501
Cap. Prince d'Orange (1).	It.	It.	It.
Lieut. Louis de Saint-Jeurre (2).	It.		It.

COMPAGNIE LOUIS DE CHAMPAGNE-LA SUZE

Nouv. acq. fr. 8633, 145.

17 juillet 1585

Cap. Louis de Champagne (1).
Lieut. René de Baillet, sieur des Haies (2).
Ens. Marin de Clinchamp, sieur de la Bussardière (3).
Guid. Nicolas d'Espagne, sieur de la Brosse (4).
Mar. des log. François de Rouvenay.

COMPAGNIE CHANDÉE

Fr. 21505, 683 — 21506, 696.
Nouv. acq. fr. 8613, 1.

24 mai 1500	20 février 1501	22 janvier 1502
Cap. De Chandée (1).	It.	It.
Lieut.	Jacques de Lay (2).	

COMPAGNIE LA CLAYETTE

Clair. 32, 142.
Clair. 241, 629 — 248, 997.
Fr. 25785, 159.
Nouv. acq. fr. 8618, 19.

28 mai 1509	6 déc. 1511	19 juillet 1525	6 févr. 1526	1er août 1526
Aimar, bât. de Chantemerle, sieur de la Clayette (1).	It.	It.	It.	It.
Lieut. Jean de la Mare.		De Vougy (2).	It.	
		Blaise de Marcilly (3).	It.	
		Saint-Sernin (4).	It.	

COMPAGNIE FRANÇOIS CHASTEIGNER

Nouv. acq. fr. 8632, 113.

30 octobre 1577

Cap. François Chasteigner, sieur de la Rochepozay (1).
Lieut. Bompart de Mélignan, sieur de Trignan (2).
Ens. Arnault de Montaut, sieur de Castelnau (3).
Guid. Jean du Caux, sieur de la Hitte en Gascogne (4).
Mar. des log. Jacques du Dort, sieur de Mondozet.

COMPAGNIE CHATEAUNEUF-ROCHEBONNE

Clair. 264, 1985.

5 janvier 1569

Cap. Pierre de Chateauneuf, sieur de Rochebonne (1).
Lieut.
Ens. Jean des Serpens, sieur de Maigny (2).
Guid. Jean de Chalmazel, sieur de la Pye (3).
Mar. des log. Aimar de Frelan, sieur de Montgrillon.

COMPAGNIE CHATEAUBRIANT

Clair. 266, 2281 — 267, 2627.

30 mai 1569	20 janvier 1570
Cap. Philippe de Chateaubriant, sieur des Roches-Baritaut (1).	It.
Lieut. Claude de Chenu, sieur de Bas-Plessis (2).	It.
Ens. Olivier de Tallon (3).	It.
Guid. Antoine de Lespronnière, sieur de la Roche-Bardoul (4).	It.
Mar. des log. Antoine de Bertin, sieur de Petit-Puys (5).	It.

COMPAGNIE LA CHATRE-BESIGNY

Clair. 269, 2931 — 273, 3767.
Fr. 21534, 2125 — 21535, 2180 — 21536, 2212.

2 février 1570	25 octobre 1573	1er juill. 1574	2 mars 1577	14 mai 1577
Cap. Balthazar de la Châtre, sieur de Besigny (1).	It.	It.	It.	It.
Lieut. Jean de Rance, sieur de la Chapelle (2).	Claude Augustin, sieur de Courbat (3).	It.	It.	It.
Ens. Claude Augustin, sieur de Courbat (3).	Hubert Le Chat, sieur de Ruyé (4).	It.	It.	It.
Guid. Claude d'Argy, sieur de Pons (5).	Claude de Savary-Lancosme, sr de Travenne (6)	It.	Antoine du Mont, sieur de Berthenay (7).	It.
Mar. des log. Augustin Le Briou (8).	Antoine du Mont, sieur de Berthenay	It.	Nicolas de Gouenne, sieur de la Versine (9).	It.

Nouv. acq. fr. 8629, 21 — 8631, 51, 115, 120.
Clair. 265, 2215 — 267, 2669 — 270, 3071 — 275, 4337 — 279, 5569.
Fr. 21534. 2119.
Fr. 25810, 300.

19 décembre 1568	20 juin 1569	6 janvier 1572	17 févr. 1572	27 mai 1574	21 septembre 1575	29 sept. 1575	9 mai 1576	13 mai 1577	20 mars 1581
Cap. Claude de la Châtre (1).	It.	it.	It.	It.	It.	It.	It.	It.	It.
Lieut. Jean de Menou (2).	It.	It.	It.	It.	Pierre d'Orléans, sieur du Breuil (3).	It.	It.	It.	It.
Ens. Pierre d'Orléans, sieur du Breuil (3).	It.	It.	It.	Guillaume de Bonnault, sieur de Méry (1).	It.	It.	It.	It.	It,
Guid. Lionnet de Fourneaulx (5).	It.	Guillaume de Bonnault (4).	It.	Odart de Fretel, sieur de Bouy (6).	It.	It.	It.	It.	Louis de Lospital (7).
Mar. des log. Guillaume de Bonnault (4).	It.	Gilles Herpin, sieur de Quindray (8).	It.	Bertrand de Mathefelon, sieur de la Court-Deny (9).	It.	It.	It.	It.	It.

COMPAGNIE CHAUMEIL-CAILLAC

Nouv. acq. fr. 8628, 30.
Fr. 21528, 1863 — 21530, 1968.

21 novembre 1567	4 juin 1569	5-6 juin 1569
Cap. François de Chaumeil, sieur de Caillac (1).	It.	It.
Lieut. François de la Valette, sieur de Parisot (2).	It.	It.
Ens. Flotard de la Roquebouillac (3).	It.	It.
Guid. Gilles de Montal (4).	Guillaume de Montal.	It.
Mar. des log. Jean de Montal, sieur de la Rodde (5).	It.	It.

COMPAGNIE CHAZERON

Nouv. acq. fr. 8627, 70.
Clair. 264, 1943 — 268, 2845.
Fr. 21530, 1965.

19-22 nov. 1567	31 déc. 1568	31 mai 1569	6 nov. 1569
Cap. Antoine de Chazeron, sieur de Pionsat (1).	It.	It.	It.
Lieut. Gilbert du Gué, sieur de Persenat (2).	It.	It.	It.
Ens.	Gilbert de Blot, sieur du Vivier (3).	It.	It.
Guid. Gabriel d'Anlezy, sieur de Mennetou-Contare (4).	It.	It.	It.
Mar. des log. Robert du Vernet, sieur de Violet (5).	It.	It.	It.

COMPAGNIE JEAN CHENU

Fr. 21505, 682.

19 février 1501

Cap. Jean Chenu (1).

COMPAGNIE MARECHAL DE PRASLIN

Nouv. acq. fr. 8634, 24.

18 septembre 1588

Cap. Charles de Choiseul, sieur de Praslin (1).
Lieut. Jacques de Rotiniac, sieur de Mariac (2).
Ens. Edme de Lenoncourt, sieur de Servigny (3).
Guid.
Mar. des log. Jean de Dampierre, sieur de Remenault (5).

COMPAGNIE CHOISEUL-LANCQUES

Fr. 21506, 724.
Clair. 240, 539.

22 mai 1501	9 juin 1503
Cap. Philippe de Choiseul, sieur de Lancques (1).	It.

COMPAGNIE FERRY DE CHOISEUL

Clair. 264, 1961.

9 décembre 1567

Cap. Ferry de Choiseul (1).
Lieut. François de Choiseul, sieur de Meuze (2).
Ens. Antoine de Salins, sieur de Corrabœuf (3).
Guid. Jean de Damas, sieur de Villiers (4).
Mar. des log. Jean de Louvilliers (5).

COMPAGNIE DE MALICORNE

Clair. 125, 41. — 260, 1687 — 261, 1751 — 265 — 272, 3565 — 274, 4111 — 278, 5215 — 279, 5597.
Nouv. acq. fr. 8625, 18 — 8628, 26 — 8629. 60.
Fr. 21526, 1811 — 21531, 2008 — 21534, 2107, 2122 — 21535, 2178 — 21536, 2218.

3 décembre 1564	1er juin 1565	5 oct. 1565	5 juin 1566	11 nov. 1568	31 mai 1569	15 juin 1570	8 avril 1572	19 février 1573	3 févr. 1574	18 juin 1574	20 sept. 1574	24 sept. 1575	Dern. février 1576	18 juin 1577	2 mai 1580	20 oct. 1581
Jean de Chourses, sieur de Malicorne (1)	It.	It.	It.	It.	It.	It.	It.	It.	It.	It.	It.	It.	It.	It.	It.	It.
Jean de Coisnon	It.	It.	Guy Lallier, sieur de la Chesnaye (2).	It.			It.	Arnault d'Arvilliers (3).	It.	It.	It.	It.	It.	It.	It.	It.
Guy Lallier, sr de la Chesnaye (2).	It.	It.			Arnault d'Arvilliers (3).	It.	It.						Annet de la Chassaigne (4).	It.	François de Patras, sr de la Roche (5).	It.
Marin Le Vayer (6).	It.	It.	Arnault d'Arvilliers (3).	It.	François de Patras, sr de la Roche (5).		It.	Annet de la Chassaigne (4).	It.	It.	It.	It.		Claude de Bouillé, sr de Bourgneuf (7)	It	It.
Arnault d'Arvilliers (3).	It.	It.	Gilles de Quincampoix.		It.	Annet de la Chassaigne (4).	It.	Henri de Rechac (8) ou Rolhac.	It.	It.	It.	It.	It.	It.	It.	It.

COMPAGNIE CLAVEL-MONTFORT

Fr. 21530. 1967.

5 juin 1569

Cap. Antoine de Clavel, sieur de Montfort (1).
Lieut. Pierre Palmyer, sieur de la Bastie (2).
Ens. André de la Rivière, sieur de Chépy (3).
Guid. François de Saint-Blimont (4).
Mar. des log. Martin Le Conte, sieur de Hochencourt (5).

COMPAGNIE D'AMBOISE-BUSSY

Fr. 21528, 1907 — 21529, 1931 — 21537, 2228.

21 mai 1568	8 février 1570	16 mai 1578
Cap. Jacques d'Amboise, sieur de Bussy (1).	Louis d'Amboise, sieur de Bussy (2).	Id.
Lieut. Jean de Saint-Belin (3).		Charles de Chambes, sieur de Monsoreau (4), remplacé par Zacharie de Guérin (5).
Ens. Pierre de Noirefontaine (6).	Jean de Saint-Belin (3).	Charles d'Allonville, sieur d'Oisonville (7), remplacé par Pierre de la Boissière, sieur de Rochebrune.
Guid. Georges de Saint-Belin (8).	Pierre de Noirefontaine (6).	François de Chivré, sieur du Plessis (9).
Mar. des log. Jean de Noirefontaine (10).	Id.	Etienne du Chemin, sieur des Roziers.

COMPAGNIE CLERMONT D'AMBOISE

Clair. 251, 1289 — 260. 1697 — 262, 1775 — 268, 2681.
Fr. 21527, 1828 — 21529, 1932 — 21530, 1921 — 21535, 2171.
Fr. 25801, 163.

28 novembre 1564	15 févr. 1565	21 mai 1566	12 nov. 1566	2 juin 1567	1er juillet 1569	6 novembre 1569	14 février 1570	24 février 1576
M. de Clermont d'Amboise (1).	lt.	lt.	lt.	lt.	lt.	lt.	lt.	lt.
Antoine d'Amboise (2).	lt.	Georges de Clermont (3).		lt.		Esme de Clermont.	Guillaume Le Roy, sr de la Grange (7).	Antoine de Traves.
Jacques de Mauléon.	lt.	Esme de Pontville (4).		lt.	Guy du Parc, sieur d'Ingrande (8).		lt.	Antoine d'Amoncourt, sieur de Piépape (9).
Esme de Pontville (4).	lt.	Jean d'Assigny (5.	lt.	lt.		Claude de la Ferté, sr d'Alloue (10).	Esme de Crèvecœur, sr de Viennes (11).	Charles de Montigny, chevalier de Malte, comm. de Villedieu.
Alexandre de Hallwin (6).	lt.	lt.		lt.	Guillaume de la Bodinière (12).	lt.	lt.	Jean David, sieur de Triguères (13).

COMPAGNIE CLERMONT-TALLART

Fr. 21524, 1690 — 21529, 1921 — 21531, 2003.
Clair. 258, 1527, 1559 — 263, 1931 — 266, 2325 — 270, 3131 — 271, 3253, 3453 — 273, 3929.

25 février 1556	19 septembre 1557	5 août 1558	16 novembre 1567	23 décembre 1568	24 avril 1569	25 mars 1571	16 juillet 1571	25 avril 1572	30 sept. 1572	29 janvier 1574
Cap. de Clermont, lieut. gén. en Dauphiné (1).	It.	It.	Claude de Clermont, sʳ de Tallart (2).	It.	It.	Henri de Clermont - Tallart (3).	It.	It	It.	Remplacé par Jacques de Crussol, duc d'Uzés.
Lieut. Laurent de Maugiron (4).	It.	Jean Flotte.	Claude Chenu sieur de Nuits (5).		It.		Jean des Essars, sʳ de Saultour (6).	It.	It.	It.
Ens. De Clavel.	Jean de Dorgeoise (7).	It.		Jacques de Courseulles, sʳ de St-Remy (8).	It.		Antoine d'Amoncourt, sʳ de Piépape (9).	It.	It.	It.
Guid. Antoine de Lestang (10).	It.	It.			Vincent de Courseulles, sʳ de St-Remy (11).	It.	Claude de la Mothe, sʳ de Monthoy (12).	It.	It.	It.
Mar. des logis Jean de Neyrolles (13).	It.	It.		Jean de Seneton (ou Senebon) (14).	Claude de la Mothe, sʳ de Monthoy (12).	It.	Jean de Lugolly, sʳ de Bourville (15).	It.	It.	It.

COMPAGNIE CLERMONT-DAMPIERRE

Clair. 254, 1279.

13 sept. 1544

Cap. Claude de Clermont, sieur de Dampierre (1).
Lieut. Claude de Lanvin, sieur de Blerencourt (2).
Ens. Hélie de la Faye.
Guid. Guillaume de Launay.
Mar. des log. Clément de Parisis.

COMPAGNIE PHILIBERT DE CLERMONT-MONTOISON

Fr. 25784, 87, 94, 97 — 25785, 148.

13 juin 1506	28 déc. 1506	14 juin 1507	20 mars 1511
Cap. Philibert de Clermont-Montoison (1).	It.	It.	It.

COMPAGNIE CLERMONT-MONTOISON

Nouv. acq. fr. 8617, 11.
Clair. 33, 5.

25 octobre 1504	30 janv. 1526
Aimar-Antoine de Clermont, sieur de Montoison (1).	It.

COMPAGNIE ENGILBERT DE CLÈVES

Fr. 21505, 662 — 21506, 716, 740 — 21507, 769.

26 février 1500	22 mai 1503	2 mars 1504	22 mars 1506
Cap. Comte de Nevers (1).	lt.	lt.	lt.
Lieut.			Jean de Karquelevant (2).

COMPAGNIE CLÈVES-RAVENSTEIN

Fr. 21507, 766, 815.
Fr. 25785, 157.
Clair. 241, 613.

24 février 1506	16 octobre 1506	4 mars 1510	14 août 1511
Cap. Clèves-Ravenstein (1).	lt.	lt.	lt.
Lieut.	Bât. Aimar de la Clayette (2).	lt.	

COMPAGNIE CHARLES DE CLÈVES-NEVERS

Fr. 21507, 781.
Clair. 246, 919.

10 décembre 1507	4 juillet 1523
Cap. Comte de Nevers (1).	lt.
Lieut. Jean de Karquelevant (2).	Antoine de Montpezat (3).
Ens.	Antoine de Flamarant (4).
Guid.	François de Choiseul (5).

Clair. 254, 1319 — 256, 1429,
Nouv. acq. fr. 8620, 35 — 8622.
Fr. 21521, 1529, 1545 — 21522, 1558, 1577, 1603.
Fr. 25798, 418 — 25799, 497.

COMPAGNIE FRANÇOIS DE CLÈVES-NEVERS

1544	19 mars 1546	24 juillet 1551	27 avril 1552	26 juillet 1552	28 juillet 1553	24 avril 1554	30 juil. 1554	21 janv. 1555	1er mai 1555	30 mai 1555
Cap. François de Clèves, duc de Nevers (1).	Id.	Id.	Id.	Id.	Id.	Id.	Id.	Id.	Id.	Id.
Lieut.	Jacques de Clermont (2).	Id.	Id.	Id.	Antoine de Veilhan (3).	Id.	Id.	Id.	Id.	Id.
Sous-lieut. Imbert de la Platière (11).		Id.								
Ens.	Jean d'Anlezy (4).	Antoine de Veilhan (3).	Id.	Id.	Gilbert-Philibert d'Anlezy (5).	Id.	Id.	Id.	Id.	Id.
Guid.	François de Clermont (6).	Id.	Id.	Louis de Vauldray (7).	Jean de Saint-Simon (8).	Id.	Id.	Id.	Id.	Id.
Mar. des log. Louis de Sallezard (9).	Id.	Jean d'Aullenay (10).	Id.	Id.	Id.	Id.	Id.	Id.	Id.	Id.

COMPAGNIE NEVERS-EU

Clair. 259, 1593, 1605 — 260, 1623.
Fr. 21525, 1741, 1766.
Fr. 25800, 39.

24 novembre 1560	26 juill. 1561	24 oct. 1561	26 févr. 1562	2 juin 1562	24 janvier 1564
François de Clèves, comte d'Eu (1).	It.	It.	It.	It.	Jacques de Clèves, duc de Nevers (2).
Louis de Vaudray, sieur de Mouy (3).	It.	It.	It.		Charles de la Grange (4).
Jacques de Thezart (5).	It.	It.	It.	François de Pontot (6).	It.
David Morra (7, remplacé, le 21 sept., par François de Thianges (8).	It.	It.	It.	It.	Nicolas de Grimouville (9).
Claude Gauteron (10).	It.	It.	It.	It.	It.

COMPAGNIE COESQUEN

Nouv. acq. fr. 8628.
Clair. 267, 2679.

23 avril 1569	26 juin 1569
Cap. Jean de Coesquen (1).	It.
Lieut.	François de Coetlogon (2).
Ens.	François de Lanvaux (3).
Guid.	François de Sation.
Mar. des log.	François du Parc (4).

COMPAGNIE D'OISEL

Fr. 21526, 1807.

22 mai 1566
Cap. Henri Clutin, sieur d'Oisel (1).
Lieut. Pierre de Thouars (2).
Ens. Claude de Coussay (3).
Guid. Gilles du Fresnoy (4).
Mar. des log. François d'Anlenay (5).

COMPAGNIE JACQUES DE COLIGNY-CHATILLON

Fr. 21505, 670 — 21506, 705, 715, 721 — 21507, 794.
Nouv. acq. fr. 8615, 12.
Clair. 210, 537, 581 — 211, 617, 655.
Fr. 25783, 69.

1501	20 mai 1501	10 mars 1503	6 juin 1503	Mars 1504	8 sept. 1504	19 mai 1507	1er juin 1509	23 novembre 1510	13 mars 1511
Cap. Jacques de Coligny-Chatillon (1).	It.	It.	It.	It.	It.	It.	It.	It.	It.
Lieut.	Louis de Quincampoix							Aimond d'Egreville (2).	

COMPAGNIE MARÉCHAL DE CHATILLON

Fr. 21507, 897 — 21508, 821, 837 — 21509, 893 — 21510, 985.
Nouv. acq. fr. 8616, 9.
Clair. 213, 769 — 211, 793.

20 décembre 1509	2 juin 1510	11 mars 1511	23 août 1515	23 janv. 1516	6 juin 1517	15 févr. 1518	11 févr. 1519
Cap. Gaspard de Coligny, sieur de Chatillon (1).	It.	It.	It.	It.	It.	It.	It.
Lieut. Aymon d'Aigreville (2).	It.	It.			François du Franget(3).	It.	It.

COMPAGNIE AMIRAL COLIGNY

Fr. 21521, 1547 — 21522, 1556 — 21523, 1667 — 21524, 1674, 1684, 1693, 1695 — 21526, 1790.

Fr. 25800, 27.

Nouv. acq. fr. 8624, 46 — 8625, 8 — 8626, 3.

Clair. 957, 1417, 1497 — 258, 1564 — 259, 1565, 1591 — 262, 1779. — 33, 129.

21 avril 1553	Oct. 1553	20 avril 1554	20 janvier 1555	22 avril 1556	25 juill. 1556	22 janv. 1557	16 déc. 1557	25 janv. 1558	16 nov. 1558	21 janvier 1560	15 novembre 1560	25 mars 1561	9 déc. 1561	22 janvier 1564	20 mai 1565	23 mai 1566	2 juin 1567
Cap. Gaspard de Coligny, sr de Châtillon (1).	lt.	lt.	lt.	lt.	lt.	lt.	lt.	lt.	lt.	lt.	lt.	lt.	lt.	lt.	lt.	lt.	lt.
Lieut. François de Cename (2).		lt.	lt.	lt.	lt.	lt.		lt.	lt.		Georges de Clermont.	lt.	lt.	Louis du Moustier, sieur de Saragosse (3).	lt.	lt.	lt.
Ens. Guy de Gitart (4).		lt.	lt.	lt.	lt.	lt.	lt.	lt.	lt.	Antoine d'Alègre (5).	lt.	lt.	lt.	François de Maratin, sieur de Guerchy (6).	lt.	lt.	lt.
Guid. Jean de Mainemares (7).		lt.	lt.	lt.	lt.	lt.	lt.	lt.	lt.	lt.	Charles de Montmorency (8).	lt.	lt.	Louis de Cugnac, sieur de Dampierre (9).	lt.	lt.	lt.
Mar. des log. Giacomo Maria (10).		lt.	Jean d'Aumale (11).	lt.	lt.	lt.	lt.	lt.	lt.	Etienne de la Fontaine (12).	lt.	lt.	lt.	Jean de la Bourne.	lt.	lt.	lt.

COMPAGNIE D'ANDELOT

Clair. 263, 1897. — Nouv. acq. fr. 1460, 18.

5 juin 1567	4 octobre 1565
Cap. François de Coligny, sieur d'Andelot (1).	It.
Lieut. Pierre d'Amanzé (2).	It.
Ens.	René de Savoie (4).
Guid. François d'Avantigny (3).	It.
Mar. des log. Charles de Quinquet.	It.

COMPAGNIE VICOMTE D'OUCHY

Nouv. acq. fr. 8628, 49.
Clair. 263, 1853 — 265, 2199.
Fr. 21526, 1782 — 21527, 1859.
Fr. 25801, 135.

20 novembre 1564	15 nov. 1565	2 juin 1567	4 nov. 1567	22 nov. 1567	6 nov. 1569
Cap. Eustache de Conflans, Vicᵗᵉ d'Ouchy (1).	It.	It.	It.	It.	It.
Lieut. Jacques d'Estampes (2).	I.	Pierre de Cluys, sieur de Briante (3).	It.		Pierre de Sommièvre Vicᵗᵉ de Lignon (4).
Ens.	Pierre de Cluys, sʳ de Briante (3).	Pierre de Sommièvre, vicomte de Lignon (4).	It.		Robert de Boulart, sʳ d'Armincourt (5).
Guid. Pierre de Cluys (3).	Pierre de Simiane (6).	Robert de Conflans (7) remplacé par Jean de la Brosse (8).	Jean de la Brosse (8).		Jean d'Angennes (9).
Mar. des log. Guy le Bel (10).	It.	It.			Gaspard du Puys, sʳ de Marcousset (11).

COMPAGNIE MARÉCHAL D'ORNANO

Fr. 25823, 555.

8 juin 1592

Cap. Alfonse d'Ornano (1).
Lieut. Domenico d'Ornano
Ens. De la Laupie.
Guid. Jacques Cottin, sieur du Palais.
Mar. des log. Antonio Dicardo.

Clair. 254, 1283, 1305, 1313 — 259, 1583 — 260, 1635.
Nouv. acq. fr. 8620, 36.
Fr. 21520, 1471 — 21521, 1511, 1553 — 21524, 1691 — 21525, 1765 — 21526, 1776.
Fr. 25800, 49 — 25801, 157.

COMPAGNIE MARÉCHAL DE BRISSAC

13 septembre 1544	1544	2 sept. 1545	10 oct. 1545	3 février 1551	7 février 1552	1554	7 oct. 1557	5 février 1560	1560	8 juin 1562	15 décembre 1563	23 janvier 1564	18 mai 1564
Cap. Charles de Cossé, sieur de Brissac (1).	It.	It.	It.	It.	It.	It.	It.	It.	It.	It.	It.	It.	It.
Lieut. François de Prouelé (2).				Charles de Contes (3).	It.	It.	It.	Laurent de Maugiron (4).	It.	It.	René du Puydufou (5).	It.	It.
Ens. Pierre de Monthazon (6).					Hardouin de Villiers (7).	It.	It.	Antoine de Clavel, sr de Montfort (8).	It.	It.	Loup du Tronchet (9).	Adrien de Gallet (10).	It.
Guid. Jacques de la Ferrière.				Armand de Biron (11).	It.	René du Puydufou (5).	It.	It.	It.	It.	Jacques de Villiers (12).	It.	It.
Mar. des log. Jacques de Brunot.				Roch de Chodogno (13).	It.	It.	It.	It.	It.	It.	It.	It.	It.

COMPAGNIE COSSÉ-BRISSAC

Clair. 262 — 268, 2785, 2865.

Fr. 21526, 1783 — 21528, 1860.

Fr. 25832, 1125.

28 novembre 1564	21 mai 1566	23 nov. 1567	21 avril 1568	6 novembre 1569	26 février 1598
Cap. Timoléon de Cossé, sieur de Brissac (1).	It.	It.	It.	Charles de Cossé, Vte de Brissac (2).	It.
Lieut. Loup du Tronchet (3).	It.		Jean de Constant, sieur de Fontpertuis (4).	It.	Claude d'Aubigné, baron de Sainte-Gemme (15).
Ens. Adrien de Gallot (5).	Jean de Constant, sieur de Fontpertuis (4).		Pierre Le Normant (6).	It.	Jean d'Aubigné, sieur de Boismosé (16).
Guid. Jacques de Villiers (7).	Louis de Bitly (8).		Jean de Pompadour (9), remplacé par Guillaume de Hautemer (10).	Nicolas de Roux (11).	Julien de Lespronnière, sieur de Villemoron.
Mar. des log. Roch de Chodogne (12).			Jean de Loys, sieur de Villiers (13).	Jacques d'Averton (14).	Gilles de Lamothe.

COMPAGNIE MARÉCHAL DE COSSÉ-GONNORT

Nouv. acq. fr. 8627, 18 — 8628, 62.

Clair. 265, 2163, 2193 — 266, 2193.

Fr. 21522, 1585 — 21526, 1797, 1827 — 21530, 1950 — 21531, 1900, 1991, 2016, 2027 — 21533, 2091 — 21534, 2128 — 21536, 2224.

Fr. 25800, 88.

25 octobre 1554	14 octobre 1558	28 janvier 1564	7 juin 1565	2 juin 1567	23 septembre 1568	18 avril 1569	10 mai 1569	17 mai 1569	8 nov. 1569	18 novembre 1569	8 février 1572	30 octobre 1573	13 juill. 1574	8 août 1577
Cap. Artus de Cossé, sr de Gonnort (1).	It.	It.	It.	It.	It.	It.	It.	It.	It.	It.	It.	It.	It.	It.
Jean Jay (2).	It.	It.	Esme de Vambaiz, sieur de Fleurimont (3)	It.	It.	It.	It.	It.	It.	It.	It.	It.	It.	It.
Jean de la Roche (4).	Lancelot du Bouchet (5).		Christophe du Breil, sr de la Mauvoisinière (6).	It.	Charles de Balsac, sr de Clermont (7).	It.	It.	It.	It.	It.	Antoine de Thory, sr de Boumois (8).	François Goulard.	It.	Charles Turpin, sieur de Crissé (9).
Pierre de Tryon (10).	It.	Charles de Balsac (7).	It.	It.	Bartolomeo de Brescia	It.	It.	It.	It.	Francisco de Brescia	Charles Turpin, sieur de Crissé (9).	It.	It.	Pierre de Barbançois (11).
Pierre de Villedon (12)	It.	Bartolomeo de Brescia.	It.	It.	Vincent Manerbe.	It.	It.	It.	It.	It.	It.	It.	It.	It.

COMPAGNIE COMTE DE BENE

Nouv. acq. fr. 8630, 50, 114.
Clair. 261, 1743 — 277, 4801.
Fr. 21532, 2037 — 21531, 2116 — 21536, 2196.
Clair. 130, 48.

1565	9 novembre 1565	18 juillet 1571	20 déc. 1571	11 oct. 1572	11 mai 1574	9 octobre 1575	22 juin 1576
Cap. Ludovic Costa, comte de Bene (1).	It.	It.	It.	It.	It.	It.	It.
Lieut. Pierre-André de Castro (2).	Pierre de Chateauneuf, sieur de Rochebonne (3).	Joachim de Rochefort, sieur de Pleuvault (4).	It.	It.	It.	It.	It.
Ens. Jean de Morette (5).	It.	Orso-Giacomo de Feriade (6).	It.	It.	It.	It.	It.
Guid. Henri-Jacques Conso	Orso Giacomo de Feriade (6).	Jean de Nagu, sieur de Varennes (7).	It.	It.	It.	It.	It.
Mar. des log. Antoine-Marie Rena.	It.				Bastien Cavalli (8).		Aîné de Bizecelles.

COMPAGNIE BURYE

Nouv. acq. fr. 8621, 13 — 8623, 10.

Clair. 253, 1243 — 254, 1329 — 256, 1391 — 257, 1461 — 258, 1517 — 259, 1577.

Fr. 21518, 1317, 1348, 1395 — 21520, 1165 — 21522, 1572, 1597 — 21523, 1661 — 21524, 1683 — 21525, 1759.

Fr. 25796, 281 — 25798, 172 — 25799, 569 — 25800, 59 — 25801, 121.

15 octobre 1537	21 décembre 1539	27 sept. 1543	4 juill. 1546	21 avril 1547	10 août 1550	30 avril 1551	21 oct. 1552	2 août 1553	27 avril 1554	27 juill. 1554	Février 1555	20 août 1555	6 mars 1556	31 juill. 1556	9 févr. 1557	19 janvier 1558	23 oct. 1559	16 déc. 1562	20 juillet 1563	11 juin 1565
Charles de Coucys, sr de Burye (1).	It.	It.	It.	It.	It.	It.	It.	It.	It.	It.	It.	It.	It.	It.	It.	It.	It.	It.	It.	It.
James de Saint-Julien (2).	Philippe Chauvet, sr de la Villate (3).	It.	It.	It.	It.	It.	It.	It.	It.	It.	It.	It.	It.	It.	It.	René du Courret (4).	It.	It.	Jules de Belleville (5).	It.
Philippe Chauvet (3).	Charles de Saint-Gelais (6).	It.	It.	It.	James du Courret.	René du Courret (4).	It.	It.	It.	It.	It.	It.	It.	It.	It.	François d'Alloue (7).	It.	François Frotier (8).	It.	It.
Agnil Piate (9).		Jean d'Auberterre (10).	It.	It.	It.	It.	It.	It.	It.	It.			It.	It.	It.	François de Pons (11).	It.	René de Volvire (12).	It.	It.
Louis de Sorin.	Jean de Bousquet	Jean Cousin (12).	It.	It.	It.	It.	It.	It.	It.			Jacques Chesnel (13).	It.	It.	It.	It.	It.	It.	It.	It.

COMPAGNIE DE CRÉQUY

Clair. 249, 1045 — 250, 1065 — 252, 1207 — 253, 1249 — 255, 1375 — 126, 10.

Nouv. acq. fr. 8620, 21 — 8622, 16.

Fr. 25789, 235.

Fr. 21513, 1117 — 21514, 1155 — 21515, 1216 — 21516, 1273 — 21517, 1335 — 21518, 1359 — 21519, 1408, 1428 — 21521, 1513.

Vers 1525	5 août 1526	9 oct. 1526	20 septembre 1527	23 mars 1528	27 avril 1529	14 avril 1531	2 août 1536	20 janv. 1537	8 oct. 1538	29 août 1539	19 sept. 1540	21 janv. 1541	2 octobre 1544	21 déc. 1545	23 juillet 1550	26 oct. 1551	20 avril 1552
M. de Créquy (1).	It.	It.	It.	It.	It.	It.	It.	It.	It.	It.	It.	It.	It.	It.	It.	It.	It.
Lieut.	Jean de Créquy, fils du capitaine (2).	It.	It.	It.	It.	It.	Nicolas de Senlis (3).	It.	It.	It.	It.	It.	Charles de Créquy (4).	It.	It.	It.	It.
Ens.	Jean, bât. de Montcavrel	It.	Charles, bât. de Montcavrel (5).	Jean, bât. de Montcavrel	Charles, bât. de Montcavrel (5).	It.	It.	It.	It.	It.	It.	It.	It.	It.	Perceval de Boulainvilliers (6).	It.	It.
Guid.	Charles de Rubempré (7).	It.	It.	It.	It.	It.	It.	It.	It.	It.	It.	It.	Jean de Rivery (8).	It.	Jean de Poix (9).	It.	It.
Mar. des logis							Jean, bât. de Bosfles ou Boffles (10).	It.	It.	It.	It.	It.	It.	It.	It.	It.	It.

- 83 -

COMPAGNIE CRÉQUY-PONTDORMY

Clair. 242, 697 — 243, 763 — 246, 885, 893 — 126, 1.
Nouv. acq. fr. 8617, 25, 35.
Fr. 25787, 144.
Fr. 21509, 920 — 21511, 1010, 1011 — 21513, 1088.

20 mai 1515	18 déc. 1516	22 mars 1517	19 août 1517	2 févr. 1521	15 août 1522	25 oct. 1522	28 octobre 1522	20 décembre 1522	16 juill. 1524	14 mai 1525
Cap. Antoine de Créquy, sieur de Pontdormy (1).	It.	It.	It.	It.	It.	It.	It.	It.	It.	It.
Lieut. Senarpont (2).		Edmond de Monchy (3).			Philippe Gobert.		Du Biez (4).	De Bernieulles (5).		

COMPAGNIE CRÉQUY-BERNIEULLES

Clair. 247, 989 — 249, 1027 — 250, 1091 — 252, 1199.
Fr. 21517, 1328 — 25789, 287.

	22 janvier 1526	6 août 1526	15 sept. 1528	4 février 1530	21 janvier 1536	25 janvier 1536
Cap.	De Créquy-Bernieulles (1).	It.	It.	It.	It.	It.
Lieut.		Jean de Neufville (2).			Claude de Créquy (3).	It.
Ens.		Valentin, bâtard de Hallwin (4).			It.	It.
Guid.					Martin de Bournonville (5).	It.
Mar. des log.					Jacques de la Varenne (6).	It.

COMPAGNIE ANTOINE DE CRUSSOL

Clair. 259, 1585 — 261, 1709 — 264, 1975 — 265, 2219 — 266, 2107 — 266, 2897 — 272, 3605.
Fr. 25800, 26, 37, 40, 44, 78, 90 — 25801, 131.

1er mai 1560	23 novembre 1560	5 mai 1561	30 mai 1562	19 janv. 1563	30 juin 1563	1er févr. 1564	29 mai 1565	8 octobre 1565	17 déc. 1567	31 décembre 1568	22 avril 1569	24 déc. 1569	8 avril 1573
Cap. Antoine de Crussol (1).	It.	It.	It.	It.	It.	It.	It.	It.	It.	It.	It.	It.	It.
Lieut. Antoine de Chastelet (2).	François de Casilhac, sieur de Cessac (3).	It.	It.	It.	It.	It.	Georges des Armoises (4).	It.	It.	It.	It.	It.	Imbert d'Angères, sr du Meyn (5).
Ens. Jacques de Chastillon (6).	It.		It.	It.	It.	It.	Adrien de Cuvillier (7).	Jean de Voisins (8).			Louis de Boulogne, sr de Salles (9).		It.
Guid. Adrien de Cuvillier (7).	It.		It.	It.	It.	It.	Galiot de Crussol (10).	It.		Adrien de Chartogne, sieur de la Folie (11).	It.	It.	It.
Mar. des log. Eloi de L'Hostel (12).	It.			It.	It.	It.	It.	It.		It.	It.	It.	Antoine d'Angères.

COMPAGNIE CHARLES DE CRUSSOL

Clair. 252, 1217, 1219, 1223 — 253, 1255, 1257 — 254, 1333.

27 novembre 1537	29 novembre 1537	20 avril 1539	30 novembre 1541	6 mars 1542	9 juillet 1546
Cap. Crussol (1).	It.	It.	It.	It.	It.
Lieut.	Jean de Montsallès.	It.	Charles de Marzé.	It.	It.
Ens.	Raimond de Belcastel (2).	Bertrand de Montsallès.	It.	It.	Guillaume d'Amauzé (3).
Guid.	Jean de Chevrières (4).	It.	Antoine de Chevrières (5).	It.	It.
Mar. des log.	Pierre de Bonnefons.	It.	Antoine de Marin (6).	It.	Gilles de Corbattières (7).

COMPAGNIE JACQUES DE CRUSSOL-UZÈS

Clair. 274 — 275, 1267 — 277, 1907 — 279, 3497.
Fr. 21536, 2208.
Fr. 25808, 168.

8 octobre 1574	25 mars 1575	1er septembre 1575	11 décembre 1576	25 mai 1578	12 septembre 1581
Cap. Jacques de Crussol, duc d'Uzès (1).	It.	It.	It.	It.	It.
Lieut. Jean de Voisins, baron d'Ambres (2).	It.	It.	Olivier de Thézan, sr de St-Maximin (3).	It.	Jacques de Myolans, sr de Chevrières (4).
Ens. Olivier de Thézan, sr de St-Maximin (3).	It.	It.		Balthazar Flotte, sieur de la Roche (5).	Antoine d'Amoncourt, sieur de Piépape (6).
Guid. Claude de la Mothe, sr de Monthoy (7).	It.	It.		Louis de Voisins, baron d'Ambres (8).	Claude de Parpaille, sieur de Molans (9).
Mar. des log. Jean de Lugolly, sr de Bourville (10).	It.	François de Chenu.		Claude de Parpaille, sr de Molans (9).	Jean de Pampierre.

COMPAGNIE CUSTON-CONESTRAY

Fr. 25784, 103.

4 octobre 1507

Cap. Guillaume Custon, sieur de Conestray (1).

COMPAGNIE JACQUES DE DAILLON DU LUDE

Fr. 21512, 1047, 1080 — 21514, 1184.
Nouv. acq. fr. 8617, 13, 18 — 8619, 12.
Clair. 215, 875 — 246, 933 — 249, 1015.

17 août 1521	26 nov. 1521	26 mars 1522	5 février 1523	29 juillet 1523	10 juillet 1524	28 juillet 1526	27 mars 1527	29 janvier 1530
Cap. Jacques de Daillon, s^r du Lude (1).	It.	It.	It.	It.	It.	It.	It.	It.
Lieut.		D'Illiers.				Jean de Daillon (2).		

COMPAGNIE DAILLON-DU LUDE

Nouv. acq. fr. 8625, 35, 40 — 8629, 19 — 8632, 72.

Clair. 26, 30. — 251, 1291 — 256, 1403 — 258, 1517 — 259, 1569, 1603, 1609 — 264, 2045 — 267, 2661 — 272, 3367 — 275, 4329 — 278, 5403.

Fr. 25792 — 25797, 313.

Fr. 21519, 1438 — 21521, 1526 — 21522, 1561, 1588, 1598, 1601 — 21524, 1701 — 21525, 1731, 1743, 1756 — 21526, 1773, 1785, 1808 — 21527, 1831 — 21531, 1909 — 21532, 2048 — 21533, 2062.

22 juillet 1544	22 mai 1545	3 juillet 1546	25 juillet 1551	9 mai 1552	30 avril 1553	1er mai 1554	16 nov. 1554	17 mai 1555	Début de 1555	8 août 1557	17 nov. 1558
Cap. Jean de Daillon (1).	It.	It.	It.	It.	It.	It.	It.	It.	It.	It.	Guy de Daillon (2).
Lieut. Payen d'Averton (3).	It.	It.	René de Laval (4).	It.	It.	It.	It.	It.	It.	Guy de Daillon (2).	Pierre de Chissé, sieur de la Marcousse (5).
Ens. Jean de Lanthe (7).	It.	It.	Pierre de Chissé (5).	It.	It.	It.	It.	It.	It.	It.	Jacques Gallian (8).
Guid. René de Laval (4).	It.	It.	Jean de Savonnières (11).	It.	It.	It.	It.	It.			Philippe Frézeau, sr de la Prézelière (6).
Mar. des log. Louis de Han (13).	It.	It.	It.	It.	It.	It.	It.	Christophe Aubry (14).	It.	It.	It.

22 juillet 1544	1er août 1559	15 janv. 1560	20 août 1560	5 août 1561	2 et 15 avr. 1561	29 mars 1562	9 janv. 1563	16 déc. 1564	2 mars 1565	24 mai 1566	3 juin 1567
Cap. Jean de Daillon (1).	It.	It.	It.	It.	It.	It.	It.	It.	It.	It.	It.
Lieut. Payen d'Averton (3).	It.	It.	It.	It.	It.	It.	It.	It.	It.	It.	It.
Ens. Jean de Lanthe (7).	It.	It.	It.	It.	It.	It.	It.	It.	It.	Claude de Bonnelle (9).	It.
Guid. René de Laval (4).	It.	It.	It.	It.	It.	It.	It.	It.	It.	It.	It.
Mar. des log. Louis de Han (13).	It.	It.	It.	It.	It.	It.	It.	It.	It.	It.	It.

22 juillet 1544	13 mai 1568	10 juin 1569	1er janv. 1572	25 avril 1572	9 avril 1573	15 oct. 1573	31 sept. 1575	27 mai 1577	8 avril 1581	22 août 1581
Cap. Jean de Daillon (1).	It.	It.	It.	It.	It.	It.	It.	It.	It.	It.
Lieut. Payen d'Averton (3).	It.	It.	Philippe Frézeau, sr de la Prézelière (6).	It.	It.	It.	It.	It.	It.	It.
Ens. Jean de Lanthe (7).	Gabriel de la Bérardière, sr d'Orsay (10).	It.	It.	It.	It.	It.	It.	It.	It.	It.
Guid. René de Laval (4).	It.	It.	René Girard, sr de la Roussière (12).	It.	It.	It.	It.	It.	It.	It.
Mar. des log. Louis de Han (13).	René de Daillon, sieur de Brigny (15), mort le 16 déc. 1580.	It.	It.	It.	It.	It.	It.	It.	Louis de Daillon (frère de René de Daillon-Brigny), nommé le 25 déc. 1580 (16).	It.

COMPAGNIE DAILLON-SAULTRAY

Clair. 273, 3775.

28 octobre 1573

Cap. François de Daillon, sieur de Saultray (1).
Lieut. François de Menon, sieur de Turbilly (2).

COMPAGNIE GUILLAUME DE DINTEVILLE-ESCHENETZ

Nouv. acq. fr. 8624, 4, 22, 32.
Clair. 254, 1285 — 258, 1543.

23 septembre 1544	22 mai 1557	15 sept. 1557	1558	22 novembre 1558
Cap. Guillaume de Dinteville (1).	It.	It.	It.	It.
Lieut.	Pierre du Chastellet (2).	It.		Jean du Chastellet (3).
Ens.	Jacques du Chastellet (4).	It.		Jacques de Chastillon (5).
Guid.	Adrien de Cuvillier (6).	It.		It.
Mar. des log.	Eloy de l'Hostel (7).	It.	It.	It.

COMPAGNIE DINTEVILLE

Nouv. acq. fr. 8633, 39, 103, 111.
Clair. 278, 5325.
Fr. 21538, 2281.

18 juin 1581	6 octobre 1581	6 août 1583	22 juil. 1584
M. de Dinteville (1).	It.	It.	It.
Lieut. René de Bressoles (2), remplacé par François de Choiseul, sieur de Meuze (3).	It.	It.	It.
Ens. Jean du Breuil, sieur du Peux (4).	Claude de Joyeuse, sieur de Tourteron (5).	It.	It.
Guid. Louis de Volvire, sieur de Mortagne (6).	Claude de Lenoncourt, sieur de Marelles (7).	It.	It.
Mar. des log. Jean de la Tour, sieur de la Valleraye (8), remplacé par Pierre de Balathier, sieur de Lantage (9).	It.	It.	It.

COMPAGNIE JEAN DE DURAS (EX-D'ALBRET)

Fr. 21509, 914 — 21510, 949.
Fr. 25786, 5.
Clair. 241, 639 — 242, 729 — 243.

30 août 1509	31 mai 1515	8 sept. 1515	7 septembre 1516	28 juin 1517	16 mars 1518
Cap. Jean de Duras (1).	It.	It.	It.	It.	It.
Lieut. Béraut de Montaut (2).			Bertrand de Lustrac (3).	It.	It.

COMPAGNIE SAINT-SULPICE

Nouv. acq. fr. 8630, 33.
Clair. 265, 4367 — 126, 51.

23 novembre 1573	16 mai 1574	29 sept. 1575
Cap. Jean d'Ebrard, baron de Saint-Sulpice (1).	It.	It.
Lieut. René de Pins, sieur de Montbrun (2).	It.	It.
Ens. Méry de Hautcastelz (3).	It.	It.
Guid. Henri d'Ebrard, baron de Saint-Sulpice (4).	It.	It.
Mar. des log. Bertrand de la Roquan, sieur de Thoux (5).	It.	It.

COMPAGNIE DU DUC DE GUELDRE

Clair. 241, 611 — 242, 699 — 243, 735 — 245, 847, 867 — 250, 1069.
Nouv. acq. fr. 8617, 5, 20, 30.

20 août 1506	22 mai 1515	9 janv. 1516	11 avril 1520	17 janvier 1521	23 nov. 1521	13 mai 1522	4 oct. 1523	16 oct. 1523
Cap. Duc de Gueldre (1).	It.	It.	It.	It.	It.	It.	It.	It.
Lieut. François de Théligny, sénéchal de Rouergue (2).	It.	It.	It.		It.	It.		
Sous-lieut.			François le Vavasseur, sr d'Esguilly (3).		It.			It.

COMPAGNIE JACQUES D'ESCARS

Clair. 254, 1281.
Nouv. acq. fr. 8620. 37.
Fr. 21518, 1399 — 21519, 1417, 1418.

1543	13 septembre 1544	1544	4 sept. 1545
Cap. Jacques d'Escars (1).	It.	It.	It.
Lieut. François d'Escars (2).	It.		
Sous-lieut. Jean de Saint-Martin.	Jean de Losse (3).		
Ens.	Armand de Biron (4).		
Guid.			
Mar. des log.	Lionel Courret.		

COMPAGNIE COMTE FRANÇOIS D'ESCARS

Clair. 261, 1949 — 274, 4199 — 277, 4873.
Nouv. acq. fr. 8632, 32.
Fr. 21526, 1810.

30 mai 1566	23 nov. 1567	7 décembre 1574	29 février 1576	31 déc. 1577
Cap. Comte François d'Escars (1).	It.	It.	It.	It.
Lieut. Mérigot du Massès (2).	It.	Louis de Lur (3), remplacé par Jean de Montesquiou-la Devèze (4).	It.	It.
Ens. Charles de Montferrant (5).			François, baron de Gimel (6).	It.
Guid. Agnet de la Bastide.			François de Hautefort (7).	It.
Mar. des log. Jean de Montcorneil (8).			Gaspard de Montagnac, sieur de la Fuillyère (9).	It.

COMPAGNIE LA VAUGUYON

Nouv. acq. fr. 8625, 20 — 8630 — 8632.
Clair. 260, 1673 — 270, 3117, 3143.
Fr. 21527, 1857 — 21533, 2082.
Fr. 25799, 563 — 25800. 31, 79.

14 novembre 1558	6 août 1561	18 août 1563	8 septembre 1564	2 oct. 1565	20 nov. 1567	28 juill. 1571	5 avril 1572	24 octobre 1572	8 avril 1573	17 sept. 1577
Cap. Jean d'Escars, sr de la Vauguyon (1).	It.	It.	It.	It.	It.	It.	It.	It.	It.	It.
Lieut.		.	Claude de Bourbon, sr de Busset (2).	It.		It.	It.	It.	It.	It.
Ens.			Antoine de Saint-Mathieu (3).	It.		It.	It.	It.	It.	It.
Guid.			Jean de La Queille, sr de Florat (4).	It.		It.	It.	Antoine de Saint-Marsault, sr du Verdier (5).	It.	It.
Mar. des log.			Gilbert de Monestay, sieur de Frontenac.	It.		It.	It.	It.	It.	It.

COMPAGNIE D'ESCARS-MERVILLE

Clair. 269, 3013, 3049.
Fr. 21528, 1894.

9 avril 1569	1er septembre 1570	27 décembre 1570
Jacques d'Escars, sieur de Merville (1).	It.	It.
François du Manadault (2).	Carbon de Lassegan (3).	It.
Raymond de Lansac, sieur de Rouillan (4).	It.	Louis de Vaillac (5).
François de Brettes, sieur du Cros (6).	It.	It.
Jean de Montferrand, sieur de Portay (7).	It.	It.

COMPAGNIE D'ESGREVILLE

C. ·. 246, 921.

17 juillet 1523
Cap. D'Esgreville (1).

COMPAGNIE DES ESSARS-SAULTOUR

Nouv. acq. fr. 8632, 93.
Fr. 25815, 824.

19 août 1577	18 septembre 1588
Cap. Jean des Essarts, baron de Saultour (1).	Id.
Lieut. Claude de la Croix, baron de Plancy (2).	Id.
Ens. Jean de Saint-Quentin, sieur de Fouronne (3).	Savinien de Launoy, sieur de Molinont (4).
Guid. Charles de Foullons, sieur de Fours.	Robert des Réaulx (5).
Mar. des log.	Jean de Beaumes (6).

COMPAGNIE FRANCESCO D'ESTE

Nouv. acq. fr. 8624, 18.

Clair. 272, 3530.

Fr. 21529, 1910 — 21531, 1994 — 21532, 2010 — 21534, 2111.

4 mars 1562	22 avril 1569	6 septembre 1571	23 février 1572	16 novembre 1572	3 mars 1574
Cap. Francesco d'Este (1).	It.	It.	It.	It.	It.
Lieut.		Ottaviano Fregoso (2), remplacé par Baptiste de Lamesan (3).		It.	It.
Ens. François de Chabannes (4).	Jean de Chalus, sieur de Cordès (5).	Claude des Aages.	Jean de Chalus, sieur de Cordès (5).	Claude des Aages.	Jacques de Poyenne (6).
Guid. Jean de la Richardye (7).	Jean de Perveranches.	It.	It.	It.	It.
Mar. des log. Jean de Perveranches.		Annet de Besse (8).	It.	It.	It.

COMPAGNIE ALFONSO D'ESTE

Clair. 257, 1455 — 269. 9999.
Fr. 21522, 1592 — 21524, 1698.

25 avril 1553	23 janvier 1555	14 juin 1558	23 août 1570
Cap. Alfonso d'Este (1).	It.	It.	It.
Lieut. Louis de Silly (2).	It.		De Saint-Jean.
Ens. Jean Thomas, sr de la Vezolle.	It.		Olivier de Thézan, sieur de Saint-Maximin (3).
Guid. François d'Orsonvillier (4).	Bertrand de Foissy (5).	It.	Jacques de Poyanne (6).
Mar. des log. Gabriel de Longuemare (7).	André de Dampont (8).		Jean de Castelnau, sr de Pérignac (9).

COMPAGNIE CLAUDE DE LA FERTÉ

Clair. 249, 1031 — 250, 1071.

9 août 1526	31 décembre 1527
Cap. Claude d'Estampes, sieur des Roches et la Ferté (1).	It.
Lieut.	
Ens.	Pierre de Savary.
Guid.	Charles d'Auton.

COMPAGNIE LA FERTÉ-IMBAULT

Clair. 276, 1659.

12 juin 1577

Cap. Claude d'Estampes, baron de la Ferté-Imbault (1).
Lieut. Guillaume de Grossove, sieur de Pesselières (2).
Ens. Louis de Régnier, sieur de Champloiseau (3).
Guid. Jacques de Lenfernat (4).
Mar. des log. Adrien de Goulx, sieur de Cuy (5).

COMPAGNIE VILLEBON

Clair. 249, 1035 — 250, 1083 — 251, 1121 — 252, 1197 — 253, 1239 — 254, 1297 — 255, 1373 — 258, 1563.

Fr. 25789, 241 — 25790, 349.

Nouv. acq. fr. 8619, 32 — 8620, 43 — 8621, 11.

Fr. 21515, 1228 — 21516, 1271 — 21517, 1310, 1336 — 21518, 1376 — 21520, 1158 — 21521, 1512 — 21525, 1737, 1754.

11 août 1526	13 juin 1528	6 févr. 1529	11 juin 1529	7 févr. 1530	23 mars 1531	25 juin 1533	27 juin 1534	22 oct. 1535	21 janvier 1537	29-30 avril 1539
Cap. Jean d'Estouteville, sr de Villebon (1).	It.	It.	It.	It.	It.	It.	It.	It.	It.	It.
Lieut. Saladin de Montmorillon (2).				René de Laubier.	It.	It.	It.	It.	It.	Pierre le Vavasseur (3).
Ens. François de Palmières.	Pierre de Palmières.	Fiacre de Palmières.	It.	It.	It.	It.	It.	It.	Pierre de Palmières.	Jacques de Connargon (6).
Guid. René de Laubier.	It.	It.	Pierre d'Autresche.	René de Laubier.		Claude de Braveau.	Louis de Bigars (10).	It.	It.	Charles de Laubier (8).
Mar. des log.								Robert de la Hayette (13).	It.	Guillaume de Loridel (14).

11 août 1526	1er sept. 1539	5 juin 1540	1544	4 août 1545	15 mars 1547	18 juillet 1549	24 juill. 1550	3 août 1553	20 déc. 1558	25 juillet 1561	28 sept. 1562
Cap. Jean d'Estouteville, sr de Villebon (1).	It.	It.	It.	It.	It.	It.	It.	It.	It.	It.	It.
Lieut. Saladin de Montmorillon (2).	It.	It.		It.	Pierre d'Ailly.	Louis d'Ailly (4).	It.	It.		Jean de Montenay (5).	It.
Ens. François de Palmières.	It.	It.		It.	Jacques de Rochebaron (7).		It.	Charles de Laubier (8).	Claude d'Ailly (9).	It.	It.
Guid. René de Laubier.	It.	It.		It.	It.	It.	It.	Jean de Montenay (5).	Adrien de Gallot (11).	Jean de Laubier (12).	It.
Mar. des log.	It.	It.		It.	Jean de Lieuray (15).	Adrien d'Amerval (16).	It.	It.	Michel Deschamps (17).	It.	It.

COMPAGNIE D'ESTRÉES

Clair. 254, 1557 — 260, 1631, 1637 — 270, 3187 — 271, 3273, 3351 — 275, 1375 — 276, 1581 — 126, 86 — 127, 21.

Fr. 21526, 1784 — 21527, 1849.

Fr. 25801, 117.

15 juin 1558	9 octobre 1562	28 juin 1563	29 novembre 1564	6 déc. 1564	10 mai 1567	7 juin 1567	6 octobre 1571	27 avril 1572	21 août 1572	15 oct. 1573	15 oct. 1575	15 mars 1576
Cap. D'Estrées (1) (Jean).	It.	It.	It.	It.	It.	It.	It.	Antoine d'Estrées (2).	It.	It.	It.	It.
Lieut. André de Bourbon (3).	Guillaume de la Vernade (4).	Nicolas de Gonnelieu, sieur de Pernaul (5).	It.	It.		It.	It.	It.	It.	It.	It.	It.
Ens. Guillaume de la Vernade (4).	Nicolas de Gonnelieu (5).	Maucourt.	Antoine d'Ahoval, sieur des Maretz (6).	It.		It.	It.	It.	It.	It.	It.	It.
Guid.		François de Prunelé, sieur de Guillerval (7).	It.	It.		It.	Claude Le Serrurier (8).	It.	It.	It.	It.	It.
Mar. des log. Antoine de la Bretonnière (9).		Claude Le Serrurier, sieur de Héricourt (8).	It.	It.		It.	Pierre d'Oultreleau, sr de Valoger (10).			It.		It.

COMPAGNIE JEAN DU BOIS D'ESQUERDES

Fr. 21505, 661 — 21506, 712, 741 — 21507, 803.
Nouv. acq. fr. 8613, 29.
Fr. 25784, 102.

3 février 1500	24 août 1500	6 février 1503	20 juin 1504	21 août 1507	17 sept. 1509
Cap. Jean du Bois, sr d'Esquerdes (1).	It.	It.	It.	It.	It.
Lieut. Artus de Moreul (2).	It.	It.	It.	It.	It.

COMPAGNIE FLOTTE LA-ROCHE

Fr. 21538, 2280.

29 septembre 1585

Cap. Balthazar Flotte, sieur de la Roche (1).
Lieut. Jean de Valin (2).
Ens. François Amblar, sieur de Montagny (3).
Guid. Jean de la Villette, sieur de Crièes (4).
Mar. des log. Claude Henry, sieur de Ruasson 5.

COMPAGNIE GASTON DE FOIX

Fr. 21505, 765 — 21506, 716, 720 — 21507, 775, 798, 814.
Clair. 241, 597, 601 — Fr. 25783, 51.

5 juin 1503	4 août 1503	13 janv. 1504	23 juillet 1505	3 oct. 1505	19 fév. 1506	1er janv. 1507	29 août 1509	1er mars 1510
Cap. Gaston de Foix, duc de Nemours (1).	It.	It.	It.	It.	It.	It.	It.	It.
Lieut. Roger de Béarn (2).		It	It.	It.		It.	Le Baron de Bazillac (3).	Roger de Béarn (2).
Ens.			Bertrand de Béarn (4).	It.				

COMPAGNIE LESPARRE

Fr. 21511, 1031 — 21513, 1099 — 2.514, 1151.
Clair. 245, 815, 853 — 246, 927.
Nouv. acq. fr. 8618. 14.

25 février 1521	20 juillet 1521	25 février 1522	20 juillet 1524	1er mai 1525	28 juillet 1525	5 octobre 1525
Cap. André de Foix, sieur de Lesparre (1).	lt.	lt.	lt.	lt.	lt.	lt.
Lieut. de Negrepelisse (2).	lt.			Baulac.		
Ens.	De Baulac					
Guid.	De Saint-André					

COMPAGNIE LESCUN

Fr. 21510, 960 — 21511, 1002. 1009 — 21512, 1045 — 21513, 1098.
Clair. 244, 785 — 246, 903 — 247, 911 — 248, 973.

18 août 1517	28 juill. 1518	17 sept. 1520	27 janv. 1521	7 déc. 1522	18 févr. 1523	23 octobre 1523	20 juillet 1525
Cap. Thomas de Foix, vicomte de Lescun et Beaufort (1).	lt.	lt.	lt.	lt.	lt.	lt.	lt. mort et remplacé par de Lignac.
Lieut. Gabriel de Lignac (2).		lt.	lt.	lt.	lt.	lt.	
Ens.						Carbon (3).	

COMPAGNIE LAUTREC

———

Fr. 21508, 851, 855, 866, 867, 868 — 21509, 877 — 21510, 936 — 21512, 1044, 1048 — 21513, 1092, 1121 — 21514,
1152, 1181.

Fr. 25785, 161 — 25786, 49.

Clair. 242, 665, 685 — 213, 767 — 216, 925 — 250, 1081.

11 décembre 1511	30 août 1512	6 déc. 1512	29 août 1513	23 septembre 1513	14 janvier 1514	28 sept. 1514	7 mars 1515	9 août 1516	19 août 1517	27 avril 1518	20 nov. 1522	1er mars 1523	16 juillet 1523	1er juillet 1525	1er février 1526	6 sept. 1527	9 janvier 1528	6 mai 1528
Cap. Odet de Foix, sieur de Lautrec (1).	It.	It.	It.	It.	It.	It.	It.	It.	It.	It.	It.	It.	It.	It.	It.	It.	It.	It.
Lieut. James de Sainte-Colombe.	It.	It.	It.	Alain Regnault	It.		James de Sainte-Colombe.	Aimond de Cazaulx.					James de Sainte-Colombe.					

COMPAGNIE CANDALE

Nouv. acq. fr. 8627, 72.
Clair. 266, 2307 — 271, 3421.

2 janvier 1569	20 mars 1570	1er septembre 1572
Cap. Henri de Foix, sieur de Candale (1).	It.	It.
Lieut. François de Béarn.	It.	Claude d'Orgemont, sieur de Méry (2).
Ens. Jean Bernard (Béraut).	It.	François de Pertuis, sieur de Champagne (3).
Guid. Claude d'Orgemont (2).	It.	Jean de Portepain (4) remplaçant Jean de Béon, sieur de Sère (5).
Mar. des log. François de Pertuis (3).	It.	Jean-Bernard de Polastron.

COMPAGNIE BATARD DE CARDONNE

Fr. 21505, 674 — 21506, 704, 707, 713, 742, 747.
Nouv. acq. fr. 8613, 17.
Fr. 25783, 49.

22 novembre 1500	21 fév. 1502	10 juin 1502	26 août 1502	27 fév. 1503	4 nov. 1503	20 juin 1504	7 sept. 1504
Cap. Batard de Cardonne (1).	It.	It.	It.	It.	It.	It.	It.
Lieut. Jacques de Cardonne.	It.			It.		It.	It.

COMPAGNIE ROBERT DE FRAMEZELLES

Nouv. acq. fr. 8615, 21 — 8637, 7.
Clair. 241, 587 — 242, 677. — 138, 76.
Fr. 21505, 675 — 21506, 714, 717, 733, 718 — 21507, 783 — 21508, 829 — 848, 849, 852.

24 novembre 1500	7 mars 1503	30 mai 1503	21 déc. 1503	28 août 1504	10 sept. 1504	25 nov. 1507	10 juin 1509	10 déc. 1510	17 mars 1511	18 août 1512	1er sept. 1512	8 déc. 1512	17 déc. 1512
Cap. Robert de Framezelles, sieur de Vergy (1).	It.	It.	It.	It.	It.	It.	It.	It.	It.	It.	It.	It.	It.
Lieut. Jacques Asse.	It.		It.				Guillaume de Fourmanoir (2).	It.		It.			

COMPAGNIE FRANÇOIS DU FRANGET

Fr. 21512, 1065.

22 juillet 1523

François du Franget (1).
Lieut. Jeannet du Franget.

COMPAGNIE OTTAVIANO FREGOSO

Fr. 21510, 958 — 21512, 1075.
Clair. 243, 749 — 244, 783.

8 juillet 1516	16 août 1517	25 juillet 1518	11 nov. 1523
Cap. Ottaviano Fregoso, gouverneur de Gênes (1).	It.	It.	It.
Lieut. de Champrond.	Comte Hugo Pepoli (2).		

COMPAGNIE GADAGNE

Clair. 266, 2311 — 279, 5521.

20 avril 1569	22 septembre 1581
Cap. Guillaume de Gadagne, sieur de Bouthéon (1).	It.
Lieut. François de Landi, sieur de Pize (2).	Jean de Nagu (3).
Ens. Gaspard d'Evrieu (4).	François de Viennoys (5).
Guid. Antonio Sinibaldo d'Osimo.	Charles Capponi, sieur d'Embrieu (6).

COMPAGNIE FONTAINE LA GUYON

Clair. 269, 2973 — 270, 3109.
Fr. 21529, 1928.

29 juin 1569	20 mai 1570	18 mars 1572
Cap. Adrien de Gallot, sieur de Fontaine-la-Guyon (1).	It.	It.
Lieut. Jean d'Allonville, sieur de Reclainville (2).	It.	It.
Ens. René Dauvet, sieur des Maretz (3).	It.	
Guid. René d'Avrilly.	It.	It.
Mar. des log. Claude de Bercy, sieur de Garencières (4).	It.	It.

COMPAGNIE NICOLO DE GAMBE

Nouv. acq. fr. 8615, 1, 20, 23.

27 mai 1510	7 déc. 1512	17 avril 1513
Cap. Nicolo de Gambe (1).	It.	It.

COMPAGNIE CHARLES DE GAMBE

Fr. 21508, 862.

14 avril 1513
Cap. Charles, comte de Gambe (1).

COMPAGNIE COMTE JEAN-FRANCESCO DE GANABRES

Fr. 21508, 832.
Nouv. acq. fr. 8615, 11.

13 janvier 1511	14 mars 1511
Cap. Jean-Francesco de Ganabres (1).	It.

COMPAGNIE DU HAILLAN

Nouv. acq. fr. 8630, 28, 129.

13 octobre 1573	29 déc. 1574
Cap. François du Haillan, vice-sénéchal de Guyenne (1).	It.
Lieut. François de Voisins (2).	It.

COMPAGNIE GOHAS (EX-COMPAGNIE TERRIDE)

Fr. 21531, 2025.

24 janvier 1572

Cap. Jean de Gohas (1).
Lieut. Bernard de Binnont (2).
Ens. Pierre de la Garrigue.
Guid. Grimont de Crugi (3).
Mar. des log. François de Senil, sieur de Lauraguais.

COMPAGNIE GONDI-LA TOUR

Clair. 274, 3943.
Fr. 21534, 2124.

19 février 1574	30 juin 1574
Cap. De la Tour (1).	It.
Lieut. Petro-Paulo (2).	It.
Ens. Gaspard d'Arconat (3).	It.
Guid. Pierre de Baillon (4).	Philippe de Grillet, sieur de Pommiers (5).
Mar. des log. Christophe de Laidet, sieur de Tournefort.	It.

COMPAGNIE DU PERRON-RETZ

Nouv. acq. fr. 8625, 9 — 8628 — 8630, 74 — 8631, 136.

Clair. 260, 1639, 1695 — 262. 1785.

Fr. 21526, 1768, 1777, 1802, 1833 — 21529, 1909 — 21530, 1970, 1985 — 21531, 2032 — 21534, 2131, 2138 — 21535, 2151, 2153 — 21536, 2190, 2214 — 21537, 2235, 2255 — 21538, 2276.

15 juillet 1563	28 janv. 1564	19 mai 1564	15 février 1565	12 oct. 1565	23 mai 1566	3 juin 1567	3 juin 1568	10 juin 1569	6 nov. 1569	23 avril 1570	7 avril 1571	14-15 août 1574	1er nov. 1574	20-22 sept. 1575	5 mai 1576	5 sept. 1576	18 sept. 1577	15 juill. 1578	21 déc. 1579	11 sept. 1581
Cap. Gondi du Perron (1).	It.	It.	It.	It.	It.	It.	It.	It.	It.	It.	It.	It.	It.	It.	It.	It.	It.	It.	It.	It.
Lieut. des Roches (2).	It.	It.	Roger de St-Lary-Bellegarde (7).	It.	It.	It.		Charles de Gondi-la-Tour (5).	Marc de Naillac-Riz (4).		It.	Claude de Dyo-Montperroux (10).	It.	It.	It.	It.	It.	It.	It.	It.
Ens. Marc de Naillac, sieur de Riz (4).	It.	It.	It.	It.	It.	It.		It.	Jean d'Assigny (8).	It.	It.	Jean de Villiers, sr de la Graffinière (11).	It.		It.	It.	Philippe de Grillet, sr de Pommiers (12).	It.	Jean de Mornay, sr de Villarceaux (15).	Jacques de Boucé, sr de Ponsenac (16).
Guid. Charles de Gondi, sr de la Tour (5).	It.	It.	It.	It.	It.	It.	Jean d'Assigny (8).	It.	Jacques Martel de Bacqueville (9).	It.	It.	Philippe de Grillet, sr de Pommiers (12).	It.	It.	It.	It.	Jacques de Bouchon, sr de Vers (14).	It.	It.	René le Temple (17).
Mar. des log. Méry Poictevin, sr de Lallier (6).	It.	It.	It.	It.	It.		It.	It.	It.	It.	It.	Edmond de Sathenal, sr du Mont (13).	It.	It.	It.	It.	It.	It.	It.	It.

COMPAGNIE JEAN-FRANÇOIS DE GONZAGA

Clair. 250, 1103.

11 juin 1529

Cap. Jean-François de Gonzaga (1).
Lieut. Georges Scot (2).
Ens. Jean-Antoine de Signane.

COMPAGNIE MARQUIS DE GORDIASQUE

Clair. 52, 185.

1er juin 1525

Cap. Le Marquis de Gordiasque.
Lieut. Bernardino Augustino.

COMPAGNIE
JEAN-FRANÇOIS DE GONZAGUE MARQUIS DE MANTOUE

Nouv. acq. fr. 8615, 3 — Clair. 241, 653 — 54, 41. — Fr. 21508, 831.

23 avril 1505	4 juin 1510	16 août 1510	3 janvier 1511
Marquis de Mantoue (1).	It.	It.	It.
	Noël du Fay (2).	It.	It.
			De Boisy (3).

COMPAGNIE FRÉDÉRIC DE GONZAGUE

Fr. 21510, 944 — 21511, 999, 1008.
Clair. 244, 811.

8 février 1518	26 juillet 1518	4 sept. 1520	25 janv. 1521
Cap. Frédéric de Gonzague (1).	It.	It.	It.
Lieut.	Alessandro Trivulzi.		

COMPAGNIE BIRON

Clair. 263, 1891 — 268, 2747, 2755 — 275, 1297 — 127, 107.
Fr. 21533, 2096 — 21535, 2172 — 21537, 2259.
Fr. 25805, 467.

3 juin 1567	24 octobre 1569	21 août 1571	19 février 1572	15 novembre 1573	5 juillet 1575	24 février 1576	29 octobre 1580
Cap. Armand de Gontaut, sieur de Biron (1).	It.	It.	It.	It.	It.	It.	It.
Lieut. Jean de Lauzières (2).	Bertrand de Giroux, sr de Beaupuy (3).	It.	It.	It.	It.	Pierre du Massés (4).	François de Fumel (5).
Ens. Charles de Saint-Angel (6).	It.	It.	It.	It.	It.	It.	Jean de Carbonnières (7).
Guid. Bertrand de Giroux, sr de Beaupuy (3).	Jean de Gontaut (8), sr de Saint-Geniez.	It.	It.	Geoffroy de Durfort, sr de Boissières (9).	Jean de Durfort, sieur de Boissières (10).	It.	Annet de Blanchefort, sr de Beauregard (11).
Mar. des logis Mathurin de Marsa.	It.	It.	François de Bonuail (12).	It.	It.	It.	Bertrand de la Rocan, sr de Toux (13).

COMPAGNIE GONZAGUE-NEVERS

Nouv. acq. fr. 8630, 62.

Clair. 260, 1693 — 269, 3037 — 276, 1599.

Fr. 21526, 1800 — 21527, 1815 — 21528, 1878 — 21529, 1920 — 21530, 1960 — 21531 — 21532, 2050, 2064, 2142 —
21533, 2083 — 21534, 2114 — 21535, 2149, 2181 — 21536, 2211 — 21538, 2273.

26 décembre 1564	5 oct. 1565	23 mai 1567	7 juin 1567	1er déc. 1568	4 janv. 1569	29 mai 1569	7 août 1570	23 décembre 1570	6 décembre 1571	1er mai 1572	28 mai 1572	x avril 1573	30 avril 1574	10 septembre 1575	11 mars 1576	9 mai 1577	26 août 1581	7 sept. 1582
Duc de Gonzague-Nevers (1).	It.	It.	It.	It.	It.	It.	It.	It.	It.	It.	It.	It.	It.	It.	It.	It.	It.	It.
Ippolyto Pico, sr de la Mirandole (2).	It.		It.	It.	It.	It.		Toussaint de la Mirandole (3).	Annet de Maugiron, sr de Leisseins (4).	It.	It.	It.	It.	It.	It.	It.	It.	It.
Ippolyto Salvagna (ou Galvagna) (5).	It.		It.	It.		It.	François de Vièvre, sr de Launay (6).	It.	It.	It.	It.	It.	It.	It.	It.	It.	François de Fatti.	It.
François de Vièvre, sr de Launay (6).	It.		It.	It.		It.	Frédéric de Hune.	François de Fatti.	It.	It.	It.	It.	It.	It.	It.	It.	Nicolas de Conan, sr de Rabestan (7).	It.
François de Fatti	It.		It.	It.		It.	It.	Jacques Redigio de Reggio.	It.	It.	It.	It.	It.	André de Hallot, sr de Lestourville (8).	It.	It.	Augustin de Vaucouleurs, sr de Mahan.	It.

COMPAGNIE COMTE DE RETHELOIS

Clair. 276, 4599.
Fr. 21537, 2244.

14 mai 1577	13 janvier 1579
Cap. Comte de Rethelois (1).	It.
Lieut. François de Vièvre, sieur de Launay (2).	It.
Ens. Jean de Damas, sieur d'Anlezy (3).	It.
Guid. Robert de Joyeuse, sieur de Grandpré (4).	It.
Mar. des log. Jean d'Allendhuy, sieur de Faulcon (5).	It.

COMPAGNIE JEAN DE GONZAGUE

Clair. 243, 759.

10 décembre 1516

Jean de Gonzague (1).

COMPAGNIE ARTUS DE BOISY

Fr. 21510, 973.
Nouv. acq. fr. 8616, 12.
Clair. 243, 741.
Fr. 25786, 7, 26.

13 juin 1515	18 janvier 1516	20 mai 1516	15 août 1516	31 juillet 1519
Cap. Artus Gouffier (1).	It.	It.	It.	It.
Lieut.	Anne de Montmorency (2).	It.	It.	

COMPAGNIE CRÈVECOEUR

Nouv. acq. fr. 8631, 33.
Clair. 360, 1669, 1677 — 271, 3261 — 276, 4699 — 279, 5681 — 128, 16.
Fr. 21526, 1786, 1793, 1805 — 21528, 1900, 1901 — 21532, 2066 — 21531, 2090 — 21537, 2233 — 21538, 2270.

24 août 1564	27 nov. 1564	1er juin 1565	9 oct. 1565	21 mai 1566	22 avril 1568	20 sept. 1568	11 juillet 1571	26 avril 1572	26 août 1572	9 oct. 1573	20 août 1575	29 juin 1577	12 juin 1578	22 mars 1581	25 juillet 1581
Cap. François de Gouffier, sieur de Crèvecœur (1).	It.	It.	It.	It.	It.	It.	It.	It.	It.	It.	It.	It.	It.	It.	It.
Robert de Sepoix (2).	It.	It.	It.	It.			Antoine de Halwin, sieur d'Esclebecq (3).	It.	It.	It.	It.	It.	It.	It.	It.
Louis du Perron (4).	It.	It.	It.	It.	It.	It.	It.	It.	It.	It.	It.	It.	It.	It.	François de Chantelou, sr de Lihus (5).
Antoine de Halwin, sieur d'Esclebecq (3).	It.	It.	It.	It.			Michel de Gouy, sieur d'Arcy (6).	It.	It.	It.	It.	Jean de Créquy, sieur de Raimboval (7).	Charles de Chaumont, sr de Boissy (8).	It.	Nicolas d'Amerval, sr de Liancourt (9).
Nicolas de Lespinay, sieur de Neuville (10).	It.	It.	It.	It.	It.	It.	François de Clermetz, sr d'Audonville (11).	Nicolas de Lespinay (10).	François de Clermetz, sr d'Audonville (11).	It.	It.	It.	Claude de Lancry, sr de Primeray (12).	It.	It.

COMPAGNIE GOUFFIER-BOISY

Fr. 21517, 1320 — 21518, 1344, 1345 — 21519, 1401, 1407.
Clair. 251, 1125 — 254, 1271, 1307.

10 mars 1530	12 juillet 1535	14 août 1537	14 juin 1539	14 juin 1541	14 sept. 1544	9 septembre 1545	19 sept. 1545
Cap. M. de Boisy (1).	It.	It.	It.	It.	It.	It.	It.
Lieut. Gilles Le Roy (2).	Adrien Vernon (3).	It.	Philippe de Culant (4).	It.	It.	Charles de Culant (5).	
Ens. Philippe de Culant (4).	It.	It.	Jean de Quincampoix (5).	It.	It.	It.	
Guid. Charles de Cossé (6).	Jean de Quincampoix (5).	It.	Joachim de Fougères (7).	François de Vendôme (8).	It.		
Mar. des log.	Adrien de Gaudereau (9).	Gatien de Gaudeau (10).	It.	Antoine de Louviers (11).	It.		

COMPAGNIE AMIRAL BONNIVET

Clair. 246, 895 — 247, 967.
Nouv. acq. fr. 8617, 3, 27.
Fr. 21510, 986 — 21511, 1003, 1025, 1037 — 21512, 1068, 1085.
Fr. 25786, 47 — 25789, 239.

10 février 1518	14 février 1520	8 janv. 1521	26 novembre 1521	15 juin 1522	6 novembre 1522	23 juin 1523	30 sept. 1522	31 mai 1524	12 septembre 1524
Cap. Amiral Bonnivet (1).	It.	It.	It.	It.	It.	It.	It.	It.	It.
Lieut. d'Antragues.	Noël du Fay (2).		Baron de Saint-Prye.		Du Fay (2).			Gilles Le Roy (3).	Noël du Fay (2).

COMPAGNIE BONNIVET

Clair. 269, 2905, 2917.
Fr. 21529, 1905.

	28 avril 1568	2 janvier 1571
Cap. M. de Bonnivet (1).		It.
Lieut.		Charles de Harcourt, sieur de la Mothe (2), remplacé par Pierre de Marans (3).
Ens. Louis d'Arquenvilliers, sr de Saint-Rimault (4).		It.
Guid. François des Essars, sr de Maynieulx (5).		It.
Mar. des log. Godefroy d'Amerval (6).		It.

COMPAGNIE MARÉCHAL DE MATIGNON

Nouv. acq. fr. 8629, 34 — 8631, 79 — 8632, 145.
Clair. 260, 1661, 1685 — 267, 2513 — 279, 5777.
Fr. 21529, 1937 — 21531, 1989, 2021 — 21537, 2258.
Fr. 25805, 473 — 25814, 686.

23 mai 1564	28 nov. 1564	1er avril 1569	14 mai 1569	7 nov. 1569	12 juillet 1571	1er janvier 1572	5 novembre 1572	18 octobre 1575	3 juillet 1578	8 avril 1580	1er sept. 1581	11 janvier 1586
Cap. Jacques de Goyon, sr de Matignon (1).	It.	It.	It.	It.	It.	It.	It.	It.	It.	It.	It.	It.
Lieut. Jean de Fontenay (2).	It.	Jean de Couesnon, sr de la Roche (3).	It.	It.	It.	It.	Hervé de Longaunay (4).	It.	Lonis de Couesnon, sr de la Roche (5).	Louis de la Morissiére, sr de Vicques (6).	It.	Louis de Bordeaux (7).
Ens. Hervé de Longaunay (4).	It.	It.	It.	It.	It.	It.	Claude Gobé, sr de Suresnes (8).	It.	Louis de la Morissiére, sr de Vicques (6).	Louis de Bordeaux (7).	It.	Philippe de Nollent, sr de Bobanville (9).
Guid. Pierre de Guébriac.	It.	François de Rabodanges, sr de Cherville (10).	Urbain de Renty, sr de Montigny (11)	It.	It.	It.	Thomas d'Ambleville.	Jérôme d'Arcasac	Pierre de Harcourt, sr de Beuvron (12).	Guillaume Le Chevalier (13).	It.	Antoine de Boissimon, sr de St-Aubin.
Mar. des logis Claude Gobé, sr de Sureane (8).	It.	It.		It.	Guillaume de la Mothe, sr de la Blanchardière.	Claude Gobé, sr de Suresnes (8).	Guillaume de la Mothe, sr de la Blanchardière.	It.		It.	It.	René Desloges, sr d'Eslerets près Alençon.

COMPAGNIE GOULLAINE

Clair. 267, 2595.
Nouv. acq. fr. 8628, 1.

19 avril 1569	29 mai 1569
Cap. Baudouin de Goullaine (1).	It.
Lieut.	Lionnet d'Escotz, sieur de Lavau (2).
Ens. Lionnet d'Escotz, sieur de Lavau (2).	Joseph le Courtes (3).
Guid. Joseph Descourtois (3).	Jean de Rochemont (4).
Mar. des log. Pierre du Péroux, sr de Sourdour (5).	

COMPAGNIE GUÉMADEUC

Clair. 267, 2667.

20 avril 1568.

Cap. feu M. de Guémadeuc.
Lieut.
Ens. François de Lanvaux (1).
Guid. Jean de la Marre.
Mar. des log. Nicolas de la Voix.

COMPAGNIE D'ESCLAVOLLES

Nouv. acq. fr. 8627, 75.

22 janvier 1569

Olivier de Guesdon, sieur d'Esclavolles (1).

COMPAGNIE GABRIEL DE LA GUICHE

Clair. 255. 1361, 1379.
Nouv. acq. fr. 8622, 17.
Fr. 25795, 95.

31 janvier 1549	19 févr. 1550	30 oct. 1550	28 oct. 1551
Cap. Gabriel de la Guiche (1).	It.	It.	It.
Lieut. Jean de Marconnay (2).	It.	It.	It.
Ens. Jean de Laubespin (3).	It.	It.	It.
Guid. Claude de Lévis (4).	It.	It.	It.
Mar. des log. Claude Brescharde.	It.	It.	It.

COMPAGNIE PHILIBERT DE LA GUICHE

Clair. 274, 4219 — 275, 4349.
Fr. 21536, 2204 — 21537, 2248.
Fr. 25807, 19.

5 juillet 1571	19 décembre 1574	26 septembre 1575	13 sept. 1576	19 mai 1579
Cap. Philibert de la Guiche (1).	It.	It.	It.	It.
Lieut. Gilbert des Serpens, sr de Gondras (2).	It.	It.	It.	It.
Ens. Jean de Campagne.		Louis de St-Aubin, sr de la Varenne (3).	It.	It.
Guid.	Bernardino Bedegni.	Jean de St-Georges, sr d'Estrées (4).	It.	Lyonnet de Chambes, sr de Villauneuf (5).
Mar. des log. Jean de Saint-Georges, sieur d'Estrées (4).		Lyonnet de Chambes, sr de Villauneuf (5).		

COMPAGNIE BOUTIÈRES

Clair. 253, 1245.
Nouv. acq. fr. 8620, 15, 23.
Fr. 21518, 1389 — 21519, 1431.

8 octobre 1538	21 décembre 1539	28 mars 1542	3 juin 1543	7 mars 1546
Cap. Guigo Guiffrey, sieur de Boutières (1).	It.	It.	It.	It.
Lieut. Gaspard de Boissières (2).	It.	It.	It.	
Ens. Raymond d'Arces (3).	It.	It.	It.	It.
Guid. François de Rochefort (4).	It.	It.	Claude de Glandaige (5).	Claude de Laire (5).
Mar. des log. Bartolomeo Greco	Claude de Saint-Julien (6).	It.	Bartolomeo Greco.	Imbert de Chissé (7).

COMPAGNIE HALLWIN-PIENNES

Clair. 240, 541 — 244, 821.
Fr. 25781, 125 — 25785, 167.
Nouv. acq. fr. 8613, 14 — 8614, 7 — 8616, 1, 28.
Fr. 21506, 702, 760 — 21509, 898 — 21510, 950, 981.

22 août 1501	1er déc. 1511	22 fév. 1512	24 sept. 1505	29 déc. 1513	5 mars 1507	9 mai 1510	28 mars 1512	29 mai 1515	4 nov. 1515	7 juin 1518	22 décembre 1518	9 mai 1519	3 août 1514
Cap. Louis de Halwin, sr de Piennes (1).	It.	It.	It.	It.	It.	It.	It.	It.	It.	It.	It.	It.	It.
Lieut. Jean de Monsseures.								Philippe de Halwin (2).			Jean de Halwin (3).	It.	It.

COMPAGNIE PIENNES-MAIGNELAIS

Nouv. acq. fr. 8627, 79 — 8629, 67 — 8631, 61 — 8632, 54.

Clair. 261, 1765 — 267, 2545 — 269, 2955.

Fr. 21526, 1818 — 21529, 1915 — 21533, 2089 — 21538, 2272.

Fr. 25802, 212.

6 décembre 1565	9 nov. 1566	3 décembre 1567	4 octobre 1568	15 févr. 1569	25 mai 1569	4 avril 1570	27 avril 1572	5 oct. 1573	13 oct. 1575	4 mars 1576	27 août 1581
Cap. Charles d'Halwin, sieur de Piennes, marquis de Maignelais (1).	lt.	lt.	lt.	lt.	lt.	lt.	lt.	lt.	lt.	lt.	lt.
Lieut. Henri de Lenoncourt (2).	lt.		Jean de Chastel-ener, sr de Saint-Georges (3).		lt.	lt.	Adrien de Maucourt, sieur de Poplincourt (4).	lt.	lt.	lt.	lt.
Philippe de Berry (5).	lt.	Adrien de Maucourt, sr de Poplincourt (4).	lt.		lt.	lt.	Jean d'Audenfort, sr de Grandvilliers (6).	lt.	lt.	Christophe de Mazancourt (7).	lt.
Adrien de Maucourt, sieur de Poplincourt (4).	lt.	Jean d'Audenfort, sieur de Grandvilliers (6).	lt.		lt.	lt.	Christophe de Mazancourt (7).	lt.	lt.	Guy des Maretz, sieur de Beauraines (8).	lt.
Jean d'Audenfort, sieur de Grandvilliers (6).	lt.		François de Sagies.		Guy des Maretz, sieur de Beauraines (8).	lt.	lt.	lt.	lt.	Guy d'Esgue (9).	lt.

COMPAGNIE COMTE D'ARRAN

Clair. 255, 1377 — 256, 1427 — 257, 1499 — 57, 159.
Fr. 25798, 469.
Fr. 21522, 1557 — 21524, 1672.

27 juillet 1570	26 avril 1552	22 avril 1554	29 août 1551	29 janv. 1555	23 avril 1556	20 juillet 1556
Cap. Comte d'Arran (1).	It.	It.	It.	It.	It.	It.
Lieut. Thomas Straton (2).	Gaud Hume (3).		James Hume.		James Crawford (4).	
Ens. Gaud Hume (3).	James Crawford (4).	It.	It.	It.	Patrix Heriot (5).	
Guid. Patrix Heriot (5).	It.		It.	It.		
Mar. des log. James Grant (6).	It.		It.	It.	It.	

COMPAGNIE LOUIS DE HANGEST-MONTMOR

Fr. 21511, 945, 1004 — 21512, 1063, 1079 — 21513, 1114.
Nouv. acq. fr. 8607, 29.
Clair. 245, 855.

17 février 1518	8 janvier 1521	20 juillet 1521	17 juillet 1523	28 sept. 1523	7 juillet 1524	20 janvier 1526
Cap. Louis de Hangest, sieur de Montmor (1).	It.	It.	It.	It.	It.	It.
Lieut.	Philippe d'Arduca	It.				

COMPAGNIE GENLIS

Clair. 260, 1683.
Fr. 25800, 72 — 25801, 148.

24 février 1562	26 novembre 1561	28 mai 1566
Cap. François de Hangest, sr de Genlis (1).	It.	
Lieut.	Jean de Lanvyn, sieur de Blerencourt (2).	It.
Ens. François de Piedefer (3).	Louis d'Aussy, sieur de Bonnay (4).	It.
Guid. Claude de Maniban.	Raymonnet de Brouilly, sr de la Chapelle (5).	It.
Mar. des log. Raymonnet de Brouilly, sieur de la Chapelle (5).	Gilles de Cormont (6).	It.

COMPAGNIE LA ROUE

Fr. 21531, 2017.

29 août 1570

Cap. M. de la Roüe (1).
Lieut. Annet de Beausson (2).
Guid. Charles de Villeneuve (3).
Mar. des log. Gilbert de Riclainges, sieur de la Chaise (4).

COMPAGNIE BELLEVILLE

Nouv. acq. fr. 8631, 121.
Clair. 276, 4747.

10 mai 1576	31 juill. 1577
Charles de Belleville (1).	It.
Lieut. Mathurin de Vendôme, sieur de Chamarin (2).	It.
Ens. Gilles du Breuil, sieur de Théon (3).	It.
Guid. Jean de Sainte-Maure, sieur de Jonzac (4).	It.
Mar. des log. Claude Marin, sieur de la Vigerie (5).	It.

COMPAGNIE HAUTEFORT

Clair. 263, 1935 — 264, 1981 — 267, 2593.

17 novembre 1567	26 mai 1569	3 janvier 1570
Gilbert de Hautefort (1).	It.	It.
Lieut. Louis de Lestrange, sieur de Magniac (2).	It.	It.
Ens. Jean de Martignyac (3).	It.	It.
Guid. Adrien de Rastignac (4).	It.	It.
Mar. des log. Gabriel de Marcial, sieur du Plessis.	It.	It.

COMPAGNIE FERVACQUES

Clair. 274, 4119 — 275, 4415.
Fr. 25803, 287.

4 janvier 1570	15 juillet 1576	26 oct. 1575
Cap. Guillaume de Hautemer, sieur de Fervacques (1).	It.	It.
Lieut.	Jacques Rouxel, sieur de Médavy (2).	It.
Ens.	Denis Rouxel, sieur du Crocq (3).	It.
Guid.	Antoine de Crus, sieur de Bellefontaine (4).	It.
Mar. des logis.	Jean de Vasconcellos, sieur de la Guyardière (5).	It.

COMPAGNIE HÉDOUVILLE-SANDRICOURT

Clair. 240, 579.
Fr. 25783, 29, 36, 40.
Nouv. acq. fr. 8612, 41.
Fr. 21506, 722.

14 février 1500	17 mai 1501	21 nov. 1501	27 févr. 1502	7 juin 1503	7 mars 1504
Cap. Louis de Hédouville, sieur de Sandricourt (1).	It.	It.	It.	It.	It.
Lieut.				Jean de Fontenay (2).	Hardouin de Cossé.

COMPAGNIE HOCHBERG-ROTHELIN

Fr. 21506, 691, 730.
Nouv. acq. fr. 8613, 9.

18 août 1501	28 nov. 1501	27 août 1503
Marquis de Hochberg-Rothelin (1).	It.	It.

COMPAGNIE HOUDETOT

Fr. 25784, 129, 145.

10 mai 1510	2 mars 1511
Cap. Guillaume de Houdetot (1).	It.

COMPAGNIE JACQUES D'HUMIÈRES

Chir. 273, 3861 — 275, 4387 — 278, 4943 — 128, 99.
Fr. 21528, 1873 — 21531, 2112.

7 décembre 1567	13 janvier 1574	26 avril 1574	18 octobre 1575	14 janvier 1577	21 juin 1578
Cap. Jacques d'Humières (1).	It.	It.	It.	It.	It.
Lieut. Antoine de Warluzel, sieur d'Estinchamp (2).	Jean de Guierzac (3).	It.	Adrien de Humières, sr de Vitermont (4).	It.	It.
Ens.	Tristan de Jallingue (5).	Hughes de Forceville (6).	It.	It.	It.
Guid. Antoine de Warmaise, sieur de Moustiers (7).	Antoine de la Torrette (8).	Philippe de Créquy, sieur des Bordes (9).	It.	It.	It.
Mar. des log.	René Levrault, sieur de Remonet (10).	It.	Jean de Warluzel, sieur de Béthencourt et Maurepas (11).	Philippe de Villiers, sr de Marquettéglise (12).	It.

COMPAGNIE D'HUMIÈRES

Clair. 246, 877 — 247, 985 — 249, 1023 — 250, 1107 — 252, 1179 — 257, 1451, 1475 — 60, 213.
Nouv. acq. fr. 8619, 5, 22, 39 — 8624, 12.
Pr. 21511, 1039 — 21513, 1140 — 21514, 1185 — 21515, 1230.

30 avril 1522	16 juin 1525	18 janvier 1526	4 août 1526	22 mars 1528	20 avril 1529	2 juillet 1529	15 sept. 1530	18 oct. 1532	25 avril 1553	24 avril 1554	28 juin 1558
Cap. Jean de Humières (1).	lt.	lt.	lt.	lt.	lt.	lt.	lt.	lt.	Jean d'Humières (2).		Louis d'Humières (12).
Lieut. Philippe de Calonne (3).	lt	Antoine de Bayencourt (4).	lt.			lt.	lt.		Jean d'Estourmel (5).	lt.	
Ens.			Philippe de Calonne (3).			Jacques de Pas (6).	lt.		Jean de Caubios (7).	lt.	
Guid.			Jacques de Pas (6).			Philippe de Calonne (3).	lt.		François de Soyecourt (8).	André de Villiers (9).	
Mar. des log.									André de Villiers (9).		

COMPAGNIE ILLIERS-CHANTEMESLE

Nouv. acq. fr. 8628, 25.
Fr. 21528, 1866.
Clair. 265, 2249.

24 novembre 1567	13 avril 1569	20 mai 1569
Cap. Oudart d'Illiers, sieur de Chante-mesle (1).	It.	It.
Lieut.	Jean de Hamelet, sieur de la Roche-Moyet (2).	It.
Ens. Charles de Rossard, sieur de la Gastine (3).	It.	It.
Guid.		Charles de Courteilnart, sieur de Sazin (4).
Mar. des log. Odon de Gaudin, sieur de la Pommeraye (5).		

COMPAGNIE COMTE DE SANFRÉ

Fr. 21529, 1945 — 21530, 1951.

23 avril 1569	12 mai 1569
Cap. Comte de Sanfré (1).	It.
Lieut. Jean-Antoine, marquis de la Chiusa (2).	It.
Ens. Anne-Louis de Savoie, sieur de Raconis (3).	It.
Guid. Jean Guillermain Bazone de Nizza della Paglia.	It.

COMPAGNIE LA CHAPELLE DES URSINS

Clair. 261, 1019 — 271, 3359 — 273, 3873 — 277, 1927 — 278, 5257 — 135, 2221, 2231.
Fr. 21536, 2213.
Fr. 25812, 607.
Nouv. acq. fr. 8625, 23 — 8627, 57.

28 novembre 1561	20 mai 1566	2 octobre 1568	9 avril 1569	22 août 1572	16 janv. 1574	15 mai 1577	11 juin 1578	27 mars 1580	27 août 1580	25 mars 1584
Cap. Christophe des Ursins, sieur de la Chapelle (1).	lt.	lt.	lt.	lt.	lt.	lt.	lt.	lt.	lt.	lt.
Lieut. Baptiste de Renty (2).	lt.	Antoine de Luxembourg, sr de Piney (3).	lt.	Philippe de Bigny, sieur d'Ainay (4).	lt.	Audouin de Turin, sr de Luzarche (5).	lt.	lt.	lt.	lt.
Ens. Philippe de Bigny, sieur d'Ainay (4).	lt.	lt.	lt.	Audouin de Turin, sieur de Luzarche (5).	lt.	Joseph de Bigny (6).	lt.	lt.	lt.	lt.
Guid. Perceval de Boulainvilliers (7).	lt.	Audouin de Turin (5).	lt.	Jean de Harlay, sieur de Champvallon (8).	lt.	Ottavio Dacu.	lt.	lt.	François de Renty, sr de Citery (9).	Nicolas de Favières, sr de la Maisonrouge (11).
Mar. des logis Jean de Vaudetart (12).	lt.	Charles de Gournay (13).	lt.	lt.	lt.	Nicolas de Favières, sr de la Maisonrouge (11).	lt.	lt.	lt.	

COMPAGNIE D'ARMENTIÈRES

Fr. 21528, 1862, 1899.
Clair. 266, 2379.

23 novembre 1567	23 avril 1568	22 avril 1569
Cap. Gilles des Ursins, sieur d'Armentières (1).	It.	It.
Lieut. Jean de Durat, sieur des Portes (2).		It.
Ens. Jean de Ruty (Thury), sieur d'Autonne (3).	It.	It.
Guid. Charles de Milly, sieur du Plessis (4).		It.
Mar. des log. François d'Orenche, sieur du Pertuz (5).	It.	Nicolas de Moriennes, sieur d'Augy (6).

COMPAGNIE DU BOUCHAGE

Fr. 25832, 1357.

18 janvier 1597

Henri, duc de Joyeuse, maréchal de France (1).
Louis d'Antraigues, sieur d'Hauterive.
Renaud de Latude, sieur de Jonquières (2).
Georges de Buissol, sieur de Blassac.
Antoine des Porcellets, sieur de Maillanne (3).

COMPAGNIE MARÉCHAL DE JOYEUSE

Nouv. acq. fr. 8625, 37 — 8630, 69 — 8633, 129.

Clair. 261, 1755 — 267, 2659 — 275, 4151 — 276.

Fr. 21531, 2023 — 21533, 2086 — 21537, 2217.

Fr. 25802, 249.

	9 octobre 1565	7 juin 1566	4 juin 1568	5 juin 1569	15 janvier 1572	5 août 1573	2 juillet 1574	27 décembre 1575	25 janvier 1576	16 mai 1579	20 août 1584
Cap. Guillaume de Joyeuse (1).	lt.	lt.	lt.	lt.	lt.	lt.	lt.	lt.	lt.	lt.	lt.
Lieut. François d'Anticamareta, sr de Villeneuve (2).	lt.	lt.	lt.	lt.		François de Borne, sr de Laugères (3).	lt.	Jacques de Budos, sr de Portes (4).	lt.	lt.	
Ens. Antoine de Pignan (5).	lt.	lt.	lt.	François de Borne, sr de Laugères (3).	lt.	Jacques de Budos, sr de Portes (4).	lt.	François de Chalabre (6).	lt.	lt.	lt.
Guid.		François d'Orbessan (7).	lt.		Tristan de Roquefeuil, sr de Montpeyroux (8).	lt.	François de Chalabre (6).	Pierre de Caylus, sr de Saint-Martin (9).	lt.	lt.	Jean de Saint-Jean, sr d'Honnour (10).
Mar. des logis Etienne de Caylus, sr de Colombières (11).	lt.	lt.	lt.	lt.	lt.	lt.	Pierre de Caylus, sr de Saint-Martin (9).	Charles de Franc, sr de Cahuzac (12).	Raymond de Roux (13).	Charles le Franc, sr de Cahuzac (12).	lt.

COMPAGNIE AMIRAL DE JOYEUSE

Nouv. acq. fr. 8633, 88.
Clair. 278, 5201.
Fr. 21538, 2268.

24 avril 1580	27 juin 1581	8 octobre 1582
Cap. Amiral de Joyeuse (1).	It.	It.
Lieut. Adrien de Humières, sieur de Buitermont (2)	It.	It.
Ens. Hughes de Forceville (3).	It.	It.
Guid. Philippe de Villiers, sieur de Maréglise (4).	It.	Gaspard de la Vérune, sr de Montpeyroux (5).
Mar. des log. Boniface d'Amerval, sieur de Contecourt (6).	Gilles de Bauffles, sieur de Vert (7).	

COMPAGNIE KARQUELEVANT

Fr. 21507, 776.
Fr. 25784, 120.

26 février 1507	13 juin 1509
Cap. Jean de Karquelevant (1).	It.
Lieut. le bâtard d'Alençon (2).	It.

COMPAGNIE LANCELOT DU LAC

Clair. 211, 621 — 249, 1037 — 251, 1153 — 252, 1183 — 63, 14.

Nouv. acq. fr. 8616, 18 — 8617, 31.

Fr. 21507, 800, 819 — 21508, 825 — 21510, 939 — 21511, 1029 — 21512, 1059 — 21513, 1113 — 21515, 1218, 1231, 1239 — 21516, 1259, 1293 — 21517, 1315.

Fr. 25786, 27 — 25788, 226.

5 décembre 1507	20 mars 1506	13 sept. 1509	20 mai 1510	4 sept. 1510	15 août 1516	11 juin 1517	13 sept. 1517	22 janv. 1522	2 juill. 1523	7 juin 1521	16 sept. 1525	18 janv. 1526	11 août 1526	2 mai 1529	31 juillet 1529	26 janv. 1530	23 oct. 1530	15 janv. 1533	1er juillet 1533	14 décembre 1534
Cap. Lancelot du Lac (1).	It.	It.	It.	It.	It.	It.	It.	It.	It.	It.	It.	It.	It.	It.	It.	It.	It.	It.	It.	It.
Lieut. Guy d'Eschelles (2).		It.								Nicolas de Champgirault (3).	It.		It.		François de la Ferté (4).	It.	It.	It.	It.	It.
Ens.										Charles du Lac.	It.		It.		It.	It.	It.	It.	It.	It.
Guid.										François de la Ferté (4).	It.		It. et Campagnet de la Lande (5).		François de la Vallée (6).	It.	It.	It.	It.	Louis de la Vallée.
Mar. des log.																			Amodin de Courcy (7).	

COMPAGNIE MORVILLIER

Clair. 262, 1793.

24 mai 1566

Cad. M. de Morvilier (1).
Lieut. Charles Rune (2).
Ens. François Rune (3).
Mar. des log. Jean de Fleschin (5).

COMPAGNIE LAVAL

Nouv. acq. fr. 8618, 15.

8 mars 1526

Cap. de Laval.
Lieut. d'Ecrières.

COMPAGNIE MONTAFILANT

Fr. 21512, 1019.

24 juillet 1521

Cap. De Montafilant.

COMPAGNIE LAVAL-CHATEAUBRIANT

Fr. 21514, 1194.
Clair. 250, 1085.
Nouv. acq. fr. 8618, 32 — 8619, 37.

18 octobre 1527	21 juin 1528	19 mai 1534
Cap. Laval-Chateaubriant (1).	It.	It.
Lieut. René de Montejan (2).		Tronquet de Basse.
Ens. François de Bellenger.		Charles Bernier (3).
Guid. de Villeneuve.		Gallois d'Aché (4).

COMPAGNIE LAVAL-LA LOE

Nouv. acq. fr. 8630, 97.
Clair. 273, 3817 — 275, 4321 — 276, 4725 — 129, 36.
Fr. 21535, 2175.

14 décembre 1573	9 juin 1574	19 octobre 1574	19 septembre 1575	29 février 1576	25 juil. 1577
Cap. Jean de Laval, sr de la Loe (1).	It.	It.	It.	It.	It.
Lieut. Louis de Boulogne, sieur de Salles (2).	It.	It.	It.	It.	It.
Ens.	Adrien de Chartogne, sieur de la Folie (3).	It.	François de Tigeoures, sr de Marchaitz (4).	François de Rabutin, sr de la Vau (5).	It.
Guid. Charles de la Forest, sr de Vendoure (6).	Jacques de la Roche, sr de Daillon, nommé le 1er mai 1574.	It.	It.	Florent de Lesme, sr de la Plastrye (7).	It.
Mar. des log. Florent de Lesme, sr de la Plastrye (7).	It.	Jean de Lesme, sr de la Plastrye.	It.	Gilles de Bazille (Barillet).	It.

COMPAGNIE JACQUES DE LAY-CHASTELLART

Fr. 21507, 767, 771, 799.
Fr. 25784, 119.
Clair. 241, 599.

29 juillet 1505	24 oct. 1505	10 juin 1506	31 août 1509
Cap. Jacques de Lay, sieur de Chastellart (1).	It.	It.	Fontrailles (2).
Lieut. Guillaume d'Ailly (3).	It.	It.,	Jeannot de Beaupuys.

COMPAGNIE PUYGAILLARD

Clair. 276, 4611 — 278, 5133, 5183.

16 mai 1577	31 janvier 1580	26 avril 1580
Cap. Jean de Léaumont, sieur de Puygaillard (1).	It.	It.
Lieut. Claude de Maillé, sieur de Brézé (2).	It.	It.
Ens. Ancelot de la Mobelière, sieur de Chanigues (3).	Jacques Hurault, sieur de Saint-Denis (4).	It.
Guid. Jacques Hurault, sieur de Saint-Denis (4).	Louis de Maudet, sieur de la Mothaie (5).	It.
Mar. des log.	Anne de Couasnon, sieur de Briassay (6).	It.

COMPAGNIE LENONCOURT

Clair. 277, 4895 — 278, 5443.
Fr. 21535, 2169.

20 décembre 1575	27 septembre 1578	27 août 1581
De Lenoncourt (1).	It.	It.
Lieut.	Gilles de Fresnoy, sieur du Plessis (2).	It.
Ens. Robert de Séricourt (3).	It.	It.
Guid.	Jean de Rochefort (4).	It.
Mar. des log.	Hector de Monceaux, sieur de Boisherpin (5).	It.

COMPAGNIE COMTE DE NANTEUIL

Clair. 254, 1335.
Fr. 21520, 1468, 1554.

11 mars 1547	28 janvier 1549	23 octobre 1550
Cap. Henri de Lenoncourt, comte de Nanteuil (1).	Ît.	Ît.
Lieut. Adrien de Lagny (2).	Ît.	Adolphe de Lyons (3).
Ens. Adolphe de Lyons (3).	Ît.	Pierre de Malesset (4).
Gond. Robert de Lenoncourt (5).	Ît.	Ît.
Mar. des log. Lancelot de Tallon.	Ît.	Antoine de Saint-Yon (6).

COMPAGNIE OLIVIER DE LESPINAY

Fr. 21506, 754.

13 décembre 1504
Cap. Olivier de Lespinay (1).

COMPAGNIE LÉVIS-COUSAN

Clair. 261, 1963 — 266, 2335.
Fr. 21530, 1982 — 21536, 2217 — 21538, 2279.

10 décembre 1567	22 avril 1569	6 novembre 1569	11 juin 1577	19 sept. 1581
Claude de Lévis, sr de Cousan (1).	Id.	Id.	Id.	Id.
Lieut. Marc de Chantemerle, sieur de la Clayette (2).	Id.	Antoine de Damas, sieur de Digoine (3).	Pierre de Damas, sr de la Mothe et Marcilly (4).	Id.
Ens. Philibert de Fougères, sieur de l'Estoile (5).	Id.	Claude de Vigousset (6).	Claude de Pravieux, baron de Bressoles (7).	Joseph Damour, sieur de la Touche (8).
Guid. Antoine de Damas, sieur de Digoine (3).	Id.	Guichard de Martel (9).	Philibert de Gilbertez (11).	Jérôme de Pravieux (11).
Mar. des log. Claude de Vigousset (6).	Id.	Joseph de la Tremblaye.	Jacques de la Tremblaye.	Id.

COMPAGNIE LÉVIS-MIREPOIX

Fr. 21529, 1913 — 21530, 1974.
Clair. 265, 2247.

28 septembre 1568	16 janvier 1569	25 juillet 1569
Cap. Jean de Lévis, sr de Mirepoix (1).	Id.	Id.
Lieut. Philippe de Fontaines.	François de Saint-Jean, sieur d'Honnoux (2).	Id.
Ens.	Jean de Varaignes, sieur de Béleztat (3).	Id.
Guid.	Barthélemy de Plannio.	Nicolas de Maizeville (5).
Mar. des logis.	Tristan de Lissac, sr de la Tour (4).	Id.

COMPAGNIE LÉVIS-VENTADOUR

Nouv. acq. fr. 8631, 1.
Clair. 261, 1763 — 263, 1811, 1873 — 268, 2891 — 272, 3587 — 129, 27.
Fr. 21528, 1880.
Fr. 25805, 509.

25 novembre 1565	2 juin 1566	2 juin 1567	31 décembre 1568	13 janv. 1569	9 déc. 1569	18 novembre 1572	11 mars 1573	2 janv. 1574
Cap. Gilbert de Lévis, sr de Ventadour (1).	It.	It.	It.	It.	It.	It.	It.	It.
Lieut. Louis d'Amboise (2).	It.		Claude de Lévis, sieur de Charlus (3).			Hubert de Lévis, sr de Cousan (4).	It.	It.
Ens. Renaud de Veilhan (5).	It.	Jean de Beaufort, vicomte de Canillac (6).				Gabriel de Veilhan, sr de Pénacors (7).	It.	It.
Guid. Jean de Beaufort (6).		Louis de Vausèche (8).				Jean de la Rouzière, sieur de la Baulme (9).	It.	It.
Mar. des log. Jean de Loupiat (10).		It.	Jean de la Rouzière (9) nommé le 7 avril 1568.			Jean de Lauthonye (11).	It.	It.

COMPAGNIE LÉVIS-CAYLUS

Clair. 277, 4973.

3 septembre 1578

Cap. Antoine de Lévis, sieur de Caylus (1).
Lieut. Jean-Claude de Pestelz (2).
Ens. Jean de Bonan, sieur du Vos.
Guid. Claude de Saint-Salvadour (3).
Mar. des log. Pierre de Plaignes.

COMPAGNIE DE LIGNAT-SAVIGNAC

Fr. 21514, 1149, 1178, 1193.
Nouv. acq. fr. 8618, 23 — 8619, 23.

20 août 1526	26 août 1526	30 déc. 1527	11 juin 1528	31 octobre 1530
Cap. de Lignat, sieur de Savignac (1).	It.	It.	It.	It.
Lieut.				Baron d'Aix (2).
Ens.				De Chainet (3).

COMPAGNIE LINIÈRES-BRIDIERS

Clair. 263, 1933.
Fr. 21529, 1012.

16 novembre 1567	20 fév. 1570
Cap. Antoine de Linières, vicomte de Bridiers (1).	It.
Lieut. Bastien de Chateaubodeau, sieur de Chaudepas (2).	It.
Ens.	
Guid. Jean de Beauverger (3).	
Mar. des log. Guy de Fretaizes (4).	It.

COMPAGNIE DE LYONS D'ESPAULX

Nouv. acq. fr. 8626, 30.
Clair. 266, 2413 — 269, 3053.

23 décembre 1567	1ᵉʳ mai 1569	31 décembre 1570
Cap. Adolphe de Lyons, sieur d'Espaulx (1).	It.	It.
Lieut. Jacques (ou Jean) de Rouvroy, sieur d'Aultry (2).	It.	It.
Ens. Christophe de Gorgias, sieur de la Fontaine-Croy (3).	It.	
Guid. François d'Ambly (4).	It.	Robert de la Vieuville (5).
Mar. des log. Christophe de Fresnières, sieur du Bois de l'Or.	It.	Philippe de Marcilles.

COMPAGNIE HUGHES DES LOGES-LA BOULLAYE

Clair. 245, 251.

8 mai 1521

Cap. Hughes des Loges, sieur de la Boulaye (1).
Lieut. de la Motte.

COMPAGNIE TERRIDE

Fr. 21521, 1530 — 21522, 1570, 1605 — 21524, 1675, 1680, 1681, 1686, 1694, 1710 — 21525, 1711, 1716, 1732, 1746, 1758 — 21526, 1769, 1781, 1837 — 21528, 1902.

Nouv. acq. fr. 8624, 5, 37.

Clair. 255, 1359 — 258, 1519, 1531, 1555 — 259, 1589, 1621 — 262, 1815 — 265, 2161.

Fr. 25797, 316 — 25801, 106.

1er octobre 1548	4 nov. 1552	7 mai 1553	16 mai 1554	17 mai 1555	26 déc. 1555	10 juin 1556	31 août 1556	1er déc. 1556	28 mars 1557	15 juill. 1557	8 oct. 1557	21 janv. 1558	12 août 1558	13 mars 1559	14 août 1559	15 févr. 1560	13 mars 1560	20 août 1560	18 sept. 1560	16 nov. 1561	4 mars 1562	18 mai 1563	12 févr. 1564	12 sept. 1564	12 fév. 1565	7 juin 1566	7 juin 1567	23 avril 1568	8 août 1568
Cap. De Terride (1).	It.	It.	It.	It.	It.	It.	It.	It.	It.	It.	It.	It.	It.	It.	It.	It.	It.	It.	It.	It.	It.	It.	It.	It.	It.	It.	It.	It.	It.
Lieut. Jean de Pelastron (2) et Antoine du Péricart (3).	Jean de Pelastron (2).		Pierre de Montclar (4).		It.	It.	It.		It.	It.	It.	Jean de Bidouzet (5).	It.	It.	It.	It.	It.	It.	It.	It.	It.	It.	It.	It.	It.	It.	It.	Bernard de Bimont (6).	It.
Ens. Pierre de Montclar (4).	It.	Antoine de Fressinet (7).	Bernard du Gost (8).				Géraud de Lamagne (9).	It.	It.	It.	It.			Bernard de Bimont, sr de Perdine (6).	It.	It.	It.	It.	It.	It.	It.	It.	It.	It.	It.	It.	It.	It.	Antoine de Léon (10).
Guid. Bernard du Gost (8).		It.	Antoine de Fressinet (7).		It.	It.	It.	It.	It.	It.	It.	Bernard de Bimont (6).	It.	Foucaud d'Aubusson (11).	It.	It.	Bernard de Bimont (6).	It.	It.	Jacques d'Angennes (12).	It.	It.	It.	It.	Ferrand d'Aubusson (11).	Antoine de Léon (10).	It.	Pierre de la Garrigue.	It.
Mar. des log. Antoine de Fressinet (7).		Antoine de Rappin.											Armand de Crugi, sr de Fauroux (13).	It.	It.	It.	It.	It.	It.	It.	It.	It.	It.	It.	It.	It.	It.	Bimont de Crugi, sr de Fauroux (14).	It.

145

19

Vicmont

Perdine

COMPAGNIE MERCŒUR

Nouv. acq. fr. 8632, 124.
Clair. 278, 5367.

15 mai 1578	31 juill. 1581
Cap. Philippe-Emmanuel de Lorraine, duc de Mercœur (1).	It.
Lieut. François Frogeard, sieur de la Loubrye (2).	It.
Ens. René de Rochebaron (3).	It.
Guid. Antoine de Choiseul, sieur de Clémont (4).	It.
Mar. des log. Nicolas de Vornay, sieur de Trochanville (5).	It.

COMPAGNIE MARQUIS PONT A MOUSSON

Nouv. acq. fr. 8629, 33 — 8631, 65.
Clair. 272, 3639 — 276, 4515 — 127, 76.
Fr. 21534, 2125.
Fr. 25805, 505.

13 juillet 1571	25 avril 1572	28 sept. 1572	8 avril 1573	6 mai 1574	15 oct. 1575	29 février 1576
Cap. Marquis de Pont à Mousson (1).	It.	It.	It.	It.	It.	It.
Lieut. Georges de Savigny (2).	It.	It.	It.	It.	It.	It.
Ens. Bertrand du Mex, sieur d'Aubigny (3).	It.	It.	It.	Antoine de Dinteville, sʳ de Fougerolles (4).	It.	It.
Guid. Joachim de Dinteville (5).	It.	It.	Antoine de Dinteville (4).	Léonard de Serocourt, sieur de Mandres (6).	It.	Jean de Porcellets, sʳ de Maillanne (7).
Mar. des log. Antoine de Choiseul, sieur d'Isché (8).	Léonard de Sérocourt, sʳ de Mandres (6).	It.	It.	Antoine de Choiseul, sieur d'Isché (8).	It.	It.

COMPAGNIE FRANÇOIS, DUC DE GUISE

Clair. 257, 1459, 1479.
Fr. 21519, 1429, 1430 — 21520, 1473 — 21521, 1554.

15 janvier 1546	31 avril 1551	29 juillet 1553	1554	26 avril 1554
Cap. Duc François de Guise (1).	It.	It.	It.	It.
Lieut. Nicolas de Livron (2).	Artus de Cossé (3).	Guillaume de Balsac (4).	Jacques de la Brosse (5).	
Ens. François de Livron (6).	Anne de Vaudray (7).	It.	It.	
Guid. Pierre de Choiseul (8).	Jean de Créquy (9).	Valeran de Lespinay (10).	Eustache de Conflans (11).	It. (commandant les arquebusiers de renfort.)
Mar. des log.	François de Couasnon (12).	It.	It.	

COMPAGNIE DUC ANTOINE DE LORRAINE

Clair. 212, 701 — 251, 1149 — 67, 22.
Fr. 25790, 316, 318.
Nouv. acq. fr. 8620, 8 — 8621, 3.
Fr. 21509, 929 — 21510, 963, 974 — 21511, 988, 1027 — 21512, 1057 — 21513, 1131 — 21514, 1161, 1168 — 21515, 1241 — 21518, 1350, 1358, 1366.

19-24 mai 1515	13 juin 1517	25 oct. 1518	6 mai 1519	27 févr. 1521	9 janv. 1523	1er juill. 1523	27 nov. 1525	2 mars 1526	1526	9 août 1526	20 juill. 1527	1er fév. 1530	17 oct. 1530	10 juillet 1531	22 décembre 1534	19 janv. 1537	5 nov. 1537	27 mai 1539	13 septembre 1544
Cap. Duc Antoine de Lorraine (1).	It.	It.	It.	It.	It.	It.	It.	It.	It.	It.	It.	It.	It.	It.	It.	It.	It.	It.	It.
Lieut.			Pierre de Bayart (2).	It.				Guillaume d'Ailly (3).		It.				Jean, bâtard de Fay	Henri de Lanoncourt, Cte de Nanteuil (4).	It.	It.	It.	It.
Ens.								Jean, bâtard de Fay		It.				Anny de la Fontaine,	It.	It.	Jean de Sailly.	It.	Adolphe de Lihons (5).
Guid.								Guyon de Villeneuve		It.				Guillaume de Miremont (6).	It.	It.	It.	It.	Charles de Contes (7).
Mar. des log.														Baptiste d'Oreille.		It.	It.	It.	It.

COMPAGNIE COMTE DE VAUDEMONT

Fr. 21513, 1100, 1111.
Clair. 248, 975.

2 août 1525	17 janvier 1526
Cap. Comte de Vaudemont (1), remplaçant le feu comte de Beaumont (2).	It.

COMPAGNIE RENÉ D'ELBEUF

Clair. 257, 1507.
Fr. 21524, 1696.

12 mars 1555	15 mai 1558
Cap. René de Lorraine, marquis d'Elbeuf (1).	It.
Lieut. Jean de Choiseul (2).	It.
Ens. Charles des Boves (3).	It.
Guid.	Jean de Rieux (4).
Mar. des log.	Pierre de Lecoy.

COMPAGNIE DUC DE LORRAINE

Nouv. acq. fr. 8623, 19 — 8630, 30.
Clair. 257, 1467 — 261, 1741 — 271, 3441 — 273, 3917 — 274, 3967 — 129, 67.
Fr. 21521, 1531 — 21526, 1832 — 21527, 1842 — 21529, 1929, 1944 — 21532, 2036, 2017 — 21535, 2154.
Fr. 25800, 3.

20 janvier 1553	4 août 1553	25 janvier 1555	26 août 1559	16 juin 1565	25 mai 1567	3 juin 1567	23 avril 1569	4 février 1570	11 juillet 1571	26 octobre 1571	25 avril 1572	21 sept. 1572	4 mai 1574	26 janv. 1575	2 octobre 1575	29 février 1576
Cap. Duc de Lorraine (1).	Id.	Id.	Id.	Id.	Id.	Id.	Id.	Id.	Id.	Id.	Id.	Id.	Id.	Id.	Id.	Id.
Lieut. Jacques de la Brosse (2).	Id.	François de la Rochefoucauld (3).	De Sipierre (4).	Charles de Contes (5).		Id.	Id.	Id.	Jean de Chastellet, sieur de Chastillon et Thon (6).	Id.	Id.	Id.	Id.	Id.	Id.	Id.
Ens. Wary de Savigny (7).	Id.	Id.	Pierre du Fay (6).	Renaud de Florainville (8).		Id.	Robert de Contes, vicomte de Pavan (9).	Renaud de Florainville (8).	Robert de Contes, vicomte de Pavan (9).		Id.	Id.	Id.	Id.	Id.	Id.
Sous-lieut.			François de Béarn.												René d'Anglure sr de Lignéville (10).	Id.
Guid. René du Châtelet (11).	Id.	Id.	Olry du Châtelet (12).	Robert de Contes-Pavan (9).		Id.	René de Florainville (8).	Robert de Contes-Pavan (9).	Jean de Lenoncourt (13).	René d'Anglure sr de Melay et Lignéville (10).	Id.	Id.	Id.	Id.		Jean de Chastellet, sr de Chastillon-en-Vosges (14).
Mar. des log. Antoine de Saint-Yon (15).	Id.	Claude de Morant (16).	Christophe d'Ivory (17).	Id.		Id.	Id.	Id.	Jean de Saint-Léger, sr de la Franchecourt.	Id.	Id.	Id.	Id.	Id.	Id.	Id.

Nouv. acq. fr. 8630, 24, 73.

Clair. 264, 2015 — 272, 3489, 3619.

Fr. 21526, 1791, 1830 — 21528, 1875 — 21529, 1916 — 21532, 2035, 2041 — 21535, 2161.

Fr. 25794, 43 — 25801, 98.

COMPAGNIE VAUDEMONT-MERCŒUR

Novembre 1548	3 septembre 1561	30 mai 1565	3 juin 1567	28 déc. 1567	21 avril 1568	24 avril 1569	26 avril 1571	26 oct. 1571	16 oct. 1572	8 avril 1573	7 juill. 1574	15 oct. 1575	28 février 1576
Cap. Nicolas de Vaudemont, sieur de Mercœur (1).	It.	It.	It.	It.	It.	It.	It.	It.	It.	It.	It.	It.	It.
Lieut. D'Estrées.	Jean de Chastellet, sr de Thon (2).	It.	It.	It.	It.	It.	Georges de Créquy, sieur de Ricey (3).	It.	It.	It.	It.	It.	It.
Ens. D'Espoix.	Antoine de Warluzel.	It.	It.				Philibert de Choiseul, baron d'Aigremont (4).	It.	It.	It.	It.	It.	It.
Guid. De Renty.	Georges de Créquy, sieur de Ricey (3).	It.	It.				Antoine d'Arguilles, sr de la Mothe.	It.	It.	It.	It.	It.	Claude de Saint-Beaussant.
Mar. des log. Enguerrand de Hucqueliers.	Jacques de Belleville.	It.	Antoine d'Arguilles, sr de la Mothe.	It.			Pierre de Conly (5).	It.	It.	It.	It.	It.	It.

COMPAGNIE HENRI DE GUISE

31 août 1561	14 décembre 1567	21 novembre 1568	28 septembre 1569	28 avril 1572	8 avril 1573	29 avril 1574	25 août 1575	28 février 1576	23 janv. 1578	11 juin 1581	15 décembre 1589
Cap. Henri de Lorraine, duc de Guise (1).	lt.	lt.	lt.	lt.	lt.	lt.	lt.	lt.	lt.	lt.	Charles de Lorraine, duc de Guise (2).
Lieut. Antoine de la Garde, sr de Tranchelyon (3).	François des Essars (4).	lt.	François de Cazillac, sr de Cessac (5).	lt.	lt.	lt.	lt.	lt.	lt.	Claude de Bautfremont, sr de Sennecey (6).	Antoine d'Amoncourt, sr de Piépape (7).
Ens. Ferry de Choiseul, sieur de Praslin (8).	François des Essars, sr de Saulfour (4).	François de Villiers, sr de Chailly (9).	Jean de Bochechouart, sr de Barbacan (10).	lt.	Claude de Bautfremont, sr de Sennecey (6).	lt.	lt.	lt.		Ferry de Nicey (11).	
Guid. François des Essars, sieur de Saulfour (4).			Claude de Bautfremont, sr de Sennecey (6).	lt.	lt.	François de Cugnac, sr de Dampierre (12).	lt.	lt.		Claude de Semur, sr de Trémont (13).	
Mar. des log. Claude de Digoyne, sieur du Pal (14).		lt.	Jean d'Acarie, sieur de Montigny (15).	lt.	lt.	lt.		Zacharie de Chamarie, sr de Vacenes (16).	lt.	lt.	Jacques du Puy.

COMPAGNIE DUC DE MAYENNE

Nouv. acq. fr. 8625, 11 — 8629, 10 — 8631, 36.

Clair. 363, 1851 — 374, 336 — 373, 3719 — 376, 1515 — 377, 1815 — 379, 5581.

Fr. 21526, 1578 — 21528, 1891 — 21532, 2051 — 21533, 2091 — 21537, 2231 — 21538, 2282.

Fr. 25816, 901.

21 mai 1564	22 novembre 1564	1er juin 1567	15 mars 1569	2 novembre 1571	27 avril 1572	24 août 1572	12 octobre 1573	24 avril 1575	3 mars 1576	5 novembre 1577	13 juin 1578	16 octobre 1581	4 juin 1589
Duc de Mayenne (1).	It.	It.	It.	It.	It.	It.	It.	It.	It.	It.	It.	It.	It.
Bertrand de Foissy, sieur de Crenay (2).	It.	It.			It.	It.	It.	It.	It.	Léonard de Damas, sr de Thianges (3).	It.	It.	
	Louis du Bois, sieur des Arpentis (4).	It.			Claude d'Estampes, sr de la Ferté (5).		Pierre Le Normant, sieur de Beaumont (6).	It.	It.	It.	Antoine de Foissy, sr de Chamesson (7).	It.	Laurent de la Chaussée (8).
	Guillaume de Payant, sr de Riollas (9).	It.		Claude d'Estampes, sr de la Ferté (5).			It.	It.	It.	Jacques Le Veneur, sr de Carrouges (10).	Philippe de Créquy, sr des Bordes (11).	It.	
Bonaventure de Beauquier, sr de Bouliez (12).	It.	It.		Oudart de Savoisy, sieur de Plessis au Chapt.			It.	It.	It.	It.	It.	Jean de Bermonde, sieur de Criennes (13).	

22

COMPAGNIE CLAUDE DE GUISE

Clair. 212, 719 — 214, 795 — 245, 871 — 247, 945 — 250, 1087 — 67, 25.

Fr. 25792, 491.

Fr. 21513, 1139 — 21515, 1244 — 21516, 1257, 1294, 1301 — 21517, 1337, 1341 — 21518, 1343 — 21511, 987 — 21512, 1053.

	28 août 1515	18 février 1518	24 févr. 1520	28 nov. 1521	12 juin 1523	28 oct. 1523	22 août 1525	3 août 1526	16 août 1528	7 octobre 1529	14 oct. 1530	23 janv. 1533	28 mars 1534	29 janvier 1537	21 mai 1537	31 juillet 1537	14 septembre 1544
Claude de Lorraine, duc de Guise (1).		It.	It.	It.	It.	It.	It.	It.	It.	It.	It.	It.	It.	It.	It.	It.	It.
Lieut.		Robert de Mailleberg (2).	It.		It.	De Lorges (3).	Pierre de Harau-court (4).		It.	It.	It.	It.		It.		It.	It.
Ens.		Pierre de Choiseul (5).							Antoine de Geresme (6).	It.	It.	It.		It.		Jean de Maugiron (7).	François De Crux (8).
Guid.									Nicolas de Roux (9).	Olivier de Lenoncourt (10).	It.	It.		It.		I. B. d'Anvers (Auvose) (11).	It.
Mar. des log.														Nicolas de Verrières (12).		It.	It.

COMPAGNIE CHARLES DE LORRAINE-ELBEUF

Nouv. acq. fr. 8630, 27 — 8632, 166.
Clair. 261, 1719 — 204, 1977 — 268, 2793 — 278.
Fr. 21528, 1871 — 21529, 1930 — 21531, 1997.
Fr. 25808, 182 — 25809, 189.

1er juin 1565	3 décembre 1567	30-31 déc. 1567	6 novembre 1569	17 déc. 1569	6 janv. 1570	11 octobre 1573	18 octobre 1575	Novembre 1575	26 février 1578	26 févr. 1579
Cap. Charles de Lorraine, duc d'Elbeuf (1).	It.	It.	It.	It.	It.	It.	It.	It.	It.	It.
Lieut. Charles des Boves, sieur de Contenant (2).	It.	Charles des Boves, sr de Rancé (3).	Charles des Boves, sr de Contenant (2).	It.	It.	It	It.	It.	It.	It.
Ens. Charles des Boves, sieur de Rancé (3).				It.	It.	Toussaint de l'Isle (4).	It.	Charles de Foulleuse, sr de Flavacourt (5).	It.	It.
Guid. Claude de Chenu (6).			Jacques de Crevecœur, sr de Gilles (7).		It.	Charles de Foulleuse, sr de Flavacourt (5).	It.		Ponthus de Bellefourrière (8).	It.
Mar. des log. Martin de Romencourt, sieur de Mussey (9).	Jacques de Crevecœur, sr de Gilles (7).	It.				Pierre d'Aigrefeuille	Jacques de Bazot.		Jacques de Badet, sr de Navailles.	It.

COMPAGNIE DUCS D'AUMALE

Nouv. acq. fr. 8621, 21 — 8622, 23 — 8628, 79 — 8630, 58 — 8632, 42.
Clair. 261, 1729 — 266, 2421 — 277, 5073.
Fr. 21521, 1531 — 21522, 1563 — 21523, 1658 — 21524, 1671 — 21527, 1852 — 21528, 1843 — 21533, 2077 — 21535, 2160 — 21538, 2271.

7 février 1549	29 avril 1552	22 avr. 1553	1er mai 1554	29 janvier 1556	31 avr. 1556	5 juin 1565	5 nov. 1567	23 janv. 1569	22 avril 1569	5 déc. 1569	6 octobre 1572	8 juin 1571	14 octobre 1575	2 mars 1576	14 janv. 1578	28 août 1581
Duc Claude d'Aumale (1).	It.	It.	It.	It.	It.	It.	It.	It.	It.	It.	It.	Duc Charles d'Aumale (2).	It.	It.	It.	It.
Artus de Maillé, sieur de Brézé et Milly (3).	It.	It.	It.	It.	It.	François Chabot, sr de Brion (4).	It.	It.	It.	Claude de Vipart, sr de B.thomas (5).	Jacques Tiercelin, sr de Possé (6).	It.	It.	It.	It.	Jacques d'Applaincourt, sr de Hardecourt (7).
Thomas de Balsac, sr de Montagu (8).	It.		It.	It.	It.	Claude Vipart, sr de Berthomas (5).			Mathieu de Chambes, sr de Villauneuf (9).		Jean de Moretz, sr de Jodrais (10).	It.	Jacques d'Applaincourt, sr de Hardecourt (7).	It.	It.	Antoine du Hamel, sieur de Bellenglise (11).
Charles d'Aumale, sr de Nampsel (12).	It.		Antoine d'Epinac, sieur de Farloux (13).	Michel d'Aumale (14).	It.	François de Vermoys. (15).					Jacques de Crevecœur, sr de Gilles (16).	It.	Antoine du Hamel, sr de Bellenglise (11).	It.	It.	Anne Tiercelin, sieur de Possé (17).
Charles de la Paroissaye (18).	Lionet Couvel, sr du Mazel (19).		Jean de Brezolles, sr de Duchignon (20).	It.	It.	Clément de Parisy (21).	It.		It.	Charles des Forges sieur de Rozay (22).	It.	It.	It.	It.	It.	Hughes des Guerres, sr de Vallezergues (23).

COMPAGNIE SAINT-VALLIER

Clair. 268, 2883.

7 décembre 1569

Cap. M. de Saint-Vallier (1).
Lieut. Nicolas de Hallwin, sieur d'Atin.
Ens. Jean de Morais, sieur de Jodrais.
Guid. Gaspard de Canton, sieur d'Orgeus.
Mar. des log. Adrien Lefébure.

COMPAGNiE LOUBES

Nouv. acq. fr. 8614, 6.

29 novembre 1506

Cap. Loubes, sieur de Fontaines et Couvray (1).

COMPAGNIE NICOLAS DE LOUVAIN

Fr. 21508, 878 — 21509, 884, 896.
Clair. 243, 753.

12 septembre 1515	14 nov. 1515	Vers 1515	31 mars 1516
Nicolas de Louvain, sieur de Nesle (1).	It.	It.	It.
Lieut.		Auradet (2).	It.

COMPAGNIE LUXEMBOURG-LIGNY

Nouv. acq. fr. 8613, 19, 32.
Fr. 21505, 673, 685 — 21506, 710, 736.
Clair. 240, 557.

21 août 1500	22 mars 1501	25 février 1502	20 juin 1502	23 octobre 1502	1503	14 janvier 1504
De Luxembourg, comte de Ligny (1).	It.	It.	It.	It.	It.	It.
Lieut.		Louis d'Ars (2).				

Nouv. acq. fr. 8629, 3 — 8631, 13 — 8632, 12.4
Clair. 262, 1767 — 264, 1973 — 267, 2547 — 271, 3281 — 272, 3105 — 278, 5151.
Fr. 21533, 2084 — 21536, 2191.

COMPAGNIE LUXEMBOURG-BRIENNE

6 mai 1566	11 déc. 1567	29 mai 1569	5 juin 1570	26 avril 1572	9 avril 1573	9 avril 1573	18 janvier 1574	28 février 1576	10 mai 1577	27 août 1581
Cap. Jean de Luxembourg, sieur de Brienne (1).	It.	It.	It.	It.	It.	It.	It.	It.	Charles de Luxembourg-Brienne (2).	It.
Lieut. Charles de la Grange, sieur de Montigny (3).		It.	It.	It.	Odet de Launay, sieur de Molinont (4).	Charles de la Grange, s' de Montigny (3).	It.			
Ens. Charles de la Chaussée (5).		It.	Odet de Launay, sieur de Molinont (4).	It.		It.	It.	It.	It.	It.
Guid. Nicolas de Grimouville (6).		Odet de Launay (4).	Antoine de Bauves, s' de Rambecourt (7).	It.	Gilbert de Gouy, sieur de Vaulgray.	Jean de Nettancourt, s' de Vaubecourt (8).	It.	It.	It.	
Mar. des log. Jean d'Allichamp, s' de Villevocque (9).		It.	Gilbert de Gouy, sieur de Vaulgray.	It.		It.	Guy de Gouy, sieur de Vaulgray.	Jacques de Vaulgray (10).	It.	It.

COMPAGNIE BRIENNE-ROUSSY

Clair. 248, 1001 — 249, 1053 — 250, 1109.
Fr. 21511, 1022 — 21515, 1215, 1243 — 21516, 1256 — 21518, 1394.
Nouv. acq. fr. 8618, 29.

21 novembre 1521	9 février 1526	11 février 1527	27 juill. 1527	8 juill. 1529	25 avril 1529	5 février 1530	27 sept. 1530	10 août 1543
Charles de Luxembourg, comte de Brienne (1).	It.	It.	It.	It.	It.	It.	It.	Antoine de Luxembourg, sʳ de Brienne (2).
Lieut.	Gabriel de la Guiche (3).	It.	It.		It.	It.	It.	Jean de Fontenay (4).
Ens.		Guillaume de Rochechouart (5).			It.	Guy de Chantelou (6).	It.	Antoine de Conflans (7).
Guid.		François de Beaumont (8).			Guillaume de Montmorin (9).	Louis de Saint-Simon (10).	It.	
Mar. des log.								Joachim de Crochet (11).

COMPAGNIE LUXEMBOURG

Nouv. acq. fr. 8635, 9.

23 décembre 1594

Cap. De Luxembourg (1).
Lieut. Henri de Saint-Remy, baron de Fontette (2).
Ens. Savigny de Launay, sieur de Molinont (3).
Guid. Edme Chevry (4).
Mar. des log. Antoine Danrecourt.

COMPAGNIE MARTIGUES

Nouv. acq. fr. 8627, 77.
Fr. 21526, 1787.
Clair. 263, 1889 — 266, 2233 — 267, 2615.

1565	3 juin 1567	26 janvier 1569	29 mai 1569	21 janv. 1570
Cap. Sébastien de Luxembourg, sieur de Martigues (1).	It.	It.	It.	It.
Lieut. Simon de Bazordan.	It.		It.	
Ens. Gaspard d'Eurre, sieur d'Hourche (2).	It.		It.	
Guid. Jean de Beaucaire (3).	François du Gué, sieur de Méjusseaume (4).		It.	It.
Mar. des log. François Dugarenne.	Jean de la Barthe, sieur de Giscaro (5).		It.	It.

COMPAGNIE MAILLY-REMAUGIES

Clair. 25816, 902.

25 mai 1589

Cap. Thibaut de Mailly, sieur de Remaugies (1).
Lieut.
Ens. De Cercus (2).
Guid. Antoine de Bertin.
Mar. des log. Jacques de Formes, sieur de Courcelles (3).

COMPAGNIE MAILLY-CONTI

Fr. 21507, 810.

23 février 1510

Cap. M. de Conti (1).
Lieut. Jacques de Henencourt (2).

COMPAGNIE RENÉ DE MAILLY

Clair. 255, 1343 — 262, 1787 — 264, 2003 — 266, 2485 — 268, 2817.

23 mai 1566	2 juin 1567	17 avril 1569	22 avril 1569	19 nov. 1569
Cap. René de Mailly (1).	It.	It.	It.	It.
Lieut. Africain de Mailly, sieur d'Ars-sur-Tille (2).	It.	It.	It.	It.
Ens. Jean de Mailly, sieur de Belleville (3).	It	François de Beaufort (4).	Jean de Mailly, sieur de Belleville (3).	It.
Guid. René du Bellet, sieur de la Flotte (5).	It.		François de Beaufort (4).	It.
Mar. des log. François de Beaufort (4).	It.	Raoul de Paucques (6).	Anselme Fausse (Sausse).	It.

COMPAGNIE GILLES DE MAILLY

Clair. 266, 2475.

8 mai 1569

Cap. Gilles de Mailly (1).
Lieut. Jean de Rivery, sieur de Polonville (2).
Ens.
Guid. Antoine de Monchy, sieur de Montcavrel (3).
Mar. des log. Jean du Perrin, sieur de Hurtemant.

COMPAGNIE BELLEGARDE

Clair. 264, 1971.

10 décembre 1567

Cap. M. de Bellegarde (1).
Nicolas le Mareschal, sieur de Noyers (2).
Ens. Philibert de Gruel, sieur de Ruvoyes (3).
Guid. Georges des Haulles, sieur de Gravillier (4).
Mar. des log. Louis de la Boulaye, sieur de la Vallée.

COMPAGNIE AMIRAL GRAVILLE

Nouv. acq. fr. 8613, 5, 21, 27 — 8614, 8, 13 — 8615, 4, 8, 10.
Fr. 21506, 703, 738 — 21507, 781, 806 — 21508, 850.
Clair. 240, 531 — 241, 651.
Fr. 25785, 211.

23 novembre 1500	2 février 1501	15 sept. 1502	22 févr. 1503	31 juill. 1503	15 janv. 1504	27 avril 1507	20 nov. 1507	7 mars 1508	5 déc. 1509	10 mars 1510	16 août 1510	12 janv. 1511	9 mars 1511	19 août 1512	9 juill. 1514
Cap. Louis Malet, sieur de Graville (1).	It.	It.	It.	It.	It.	It.	It.	It.	It.	It.	It.	It.	It.	It.	It.
Lieut.	Antoine de la Fayette (2).			It.	It.	René de Clermont (3).	Antoine de la Fayette (2).	It.	It.	It.	It.				

COMPAGNIE ROBERT MALHERBE

Clair. 240, 523, 573.
Fr. 21506, 719.
Nouv. acq. fr. 8613, 10.

10 février 1500	18 août 1501	2 juin 1503	23 oct. 1503
Robert de Malherbe, sieur de Jouy, prévôt des maréchaux de France (1).	It.	It.	It.

COMPAGNIE MANDELOT

Nouv. acq. fr. 8631, 118 — 8632, 152.
Clair. 276, 4473 — 279.
Fr. 21535, 2165 — 21536, 2225.

11 décembre 1574	9 nov. 1575	1er juillet 1576	9 août 1577	28 nov. 1578	18 mars 1581
Cap. François de Mandelot, sieur de Passy (1).	It.	It.	It.	It.	It.
Lieut. Jean de Garadeul, sieur de l'Ecluse (2).	It.	It.	It.	It.	It.
Ens. Jean-Antoine de Locatel, sieur de Sivyn (3).	It.	It.	It.	It.	It.
Guid. François de Colombier, sieur de Savigny (4).	It.	It.	It.	It.	Pierre de Beauvoir, sieur de Varacieu (5).
Mar. des log. Pierre de Beauvoir, sieur de Varacieu (5).	It.	It.	It.	It.	Jacques de Salornay, sieur de Champerny (6).

COMPAGNIE MARÉCHAL DE LA MARCK

Clair. 256, 1451 — 257, 1465, 1505.
Nouv. acq. fr. 8621, 5.
Fr. 21519, 1419 — 21521, 1514.
Fr. 25795, 132.

15 octobre 1545	31 septembre 1548	20 janv. 1551	26 janvier 1552	25 avril 1552	3 août 1553	29 janvier 1555
Cap. Robert de la Marck (1).	It.	It.	It.	It.	It.	It.
Lieut. Robert d'Averhoult (2).	Claude de Frenelz (3).	It.	It.	It.	It.	It.
Ens. Claude de Frenelz (3).	Louis de Proisy (4).	It.	Jean d'Averhoult (5).	It.	It.	It.
Guid. Pierre de la Vieuville (6).	Jean d'Averhoult (5).	It.	Nicolas de Roussy (7).	It.	It.	Antoine des Marins (8).
Mar. des log. Jean de Villelongue (9).	It.	It.	It.	It.	It.	It.

COMPAGNIE DE BRAYNE

Nouv. acq. fr. 8621, 8 *bis*.

2 juin 1558

Cap. M. de Brayne (1).
Lieut. Louis de Renty (2).
Ens. Claude de Billy (3).
Guid. Claude de Rillac (4).

COMPAGNIE LA MARCK-SEDAN

Clair. 240, 549, 563 — 241, 619, 645 — 242, 605 — 245, 899 — 252, 1185.
Fr. 21506, 709 — 21508, 873 — 21512, 1076.
Nouv. acq. fr. 8615, 22 — 8616, 19 — 8618, 31.

11 décembre 1501	27 mai 1502	9 sept. 1502	1er déc. 1507	26 février 1510	9 déc. 1512	20 sept 1514	15 mai 1515	13 sept. 1517	15 nov. 1522	18 nov. 1523	24 sept. 1527	2 juillet 1534
Robert de la Marck, sieur de Sedan (1).	It.	It.	It.	It.	It.	It.	It.	It.	It.	It.	It.	It.
				Damien de Garrigues (2).			De Jametz (3).	Bertrand de la Lanne		De Saulcy (4).	Jean de la Marck (4).	De Saulcy (4)
												Guillaume van Duppelle (5).
												Jean Vaude-chart (6).
												Sibillon d'Apron.

COMPAGNIE JAMETZ

Nouv. acq. fr. 8621, 10 — 8623, 5.
Clair. 253, 1299 — 254, 1317 — 257, 1181 — 258, 1525.
Fr. 21520, 1161 — 21521, 1516 — 21524, 1673.

11 août 1543	19 mars 1546	26 mai 1546	20 juillet 1550	27 avril 1552	1er août 1553	26 avril 1554	23 avr. 1556
Cap. M. de Jametz (1).	It	It.	It.	It.	It.	It.	It.
Lieut. Aimé de Miremont (2).	It.	It. et Jean d'Aspremont (4).	It.	It.	Guillaume de Madaillan (3).	It.	It.
Ens. Guillaume de Baudripont (5).	Guillaume de Madaillan (3).	It.	It.	It.	Jean d'Aspre-mont (4).	It.	It.
Guid. Guillaume de Madaillan (3)	Charles d'O (5).	It.	It.	Jean d'Aspre-mont (4).	De Suigny (6).	Foucaud de Joyeuse (7).	It.
Mar. des log. Sibillon d'Apron.	It.	It.	Martin d'Aulnon (9).		It.	It.	It.

COMPAGNIE DUC DE BOUILLON

Clair. 263, 1901 — 254, 2091.

Fr. 21524, 1689 — 21527, 1842 — 21529, 1939 — 21531, 2009 — 21533, 2075, 2100.

Fr. 25805, 486.

Nouv. acq. fr. 8624, 42.

25 août 1557	10 novembre 1560	25 mai 1567	8 juin 1567	2 mai 1568	15 août 1569	12-16 juin 1570	26 avril 1572	29 septembre 1572	8 janv. 1574
Cap. Henri-Robert de la Marck, duc de Bouillon (1).	It.	It.	It.	It.	It.	It.	It.	It.	It.
Lieut. Jean d'Averhoult, sieur de Guyencourt (2).	It.		It.	It.			It.	It.	It.
Ens. Robert de Noirefontaine (3).	Claude du Chastelet (4).		Antoine d'Averhoult, sr d'Argy (5).	It.		Pierre de Villelongue, sieur du Petit-Bois (6).	It.	Jean de Bouteillac, sieur d'Arson (7).	It.
Guid. Claude du Chastelet (4).	Antoine d'Averhoult, sr d'Argy (5).		Jean de Bouteillac, sr d'Arson (7).	It.	Pierre de Villelongue, sieur du Petit-Bois (6).		Jean de Bouteillac (7).	Jean de Montigny.	It.
Mar. des log. Pierre de Villelongue, sieur du Petit-Bois (6).	It.		It.	It	Jean d'Alendhuy, sieu. de Faulcon (8).	It.	It.	It.	It.

COMPAGNIE MARÉCHAL ROBERT DE LA MARCK-FLEURANGES

Fr. 21508, 875 — 21510, 931 — 21511, 1005 — 21512, 1058 — 21513, 1108, 1134 — 21514, 1191 — 21515, 1132 — 21517, 1319.

Nouv. acq. fr. 8618, 10 — 8619, 35.

Clair. 242, 687 — 243, 755 — 245, 831 — 246, 881, 897 — 247, 903.

28 septembre 1514	23 déc. 1514	25 août 1516	27 juin 1517	30 juill. 1520	15 janv. 1521	12 novembre 1522	18 mai 1523	3 juill. 1523	14 janv. 1526	20 janv. 1526	Juillet 1526	31 juillet 1526	Août 1526	28 mai 1528	1er sept. 1529	5 juillet 1534	14 juin 1535
Cap. Robert de la Marck, sieur de Fleuranges (1).	lt.	lt.	lt.	lt.	lt.	lt.	lt.	lt.	lt.	lt.	lt.	lt.	lt.	lt.	lt.	lt.	lt.
Lieut.		René d'Anglure (2).				Guillaume de la Marck (3).						Louis, bâtard de Roucy (4).				Joachim de Genlis (5).	lt.
Ens.												Aléemme de Rouvray (6).				Jean-François de la Roque (7).	lt.
Guid.												Jean de Sailly l'aîné (8).				Charles de Montberon (9)	lt.
Mar. des log.																N. du Castellau.	Jean de Ville-longue (10).

COMPAGNIE GUILLAUME DE LA MARCK-AIGREMONT-MONTBAZON

Fr. 21506, 753 — 21509, 902.
Nouv. acq. fr. 8613, 6 — 8615, 5, 11 — 8616, 4, 11.
Fr. 25783, 42.
Clair. 240, 565.

7 décembre 1500	Vers 1502	31 mai 1503	1er mars 1505	27 août 1510	17 déc. 1511	17 juin 1515	27 oct. 1515	5 mai 1516
Guillaume de la Marck, sieur d'Aigremont (1).	It.	It.	It.	It.	It.	It.	It.	It.
Guillaume du Fou.						Bertrand de la Rocque	It.	

COMPAGNIE SIPIERRE

Clair. 260, 1071.

29 août 156i

Cap. De Sipierre (1).
Lieut. François de Béarn (2).
Ens. Léonard de Damas (3).
Guid. François de la Magdeleine (4).
Mar. des log. Claude de Sallemard (5).

COMPAGNIE MONTARÉ

Fr. 21530, 1977

27 août 1569

Cap. M. de Montaré (1).
Lieut. Thomas de Gadagne (2).
Ens. Jacques de la Fin, sieur de la Nocle (3).
Guid. Joachim de Bellenave (4).
Mar. des log. Gilbert de Marcassat (5).

COMPAGNIE LAURENT DE MAUGIRON

Nouv. acq. fr. 8025, 36 — 8626, 8 — 8630 (36 à 41).
Clair. 960, 1705 — 268, 2833 — 270, 3163, 3203.
Fr. 25801, 102 — 25814, 690.
Fr. 21596, 1770, 1780 — 21528, 1888, 1897 — 21532, 2062, 2063 — 21535, 2183 — 21537, 2262.

17 février 1564	18 juin 1564	27 déc. 1564	20 mars 1565	31 mai 1566	8 juin 1567	25 avril 1568	14 févr. 1569	6 nov. 1569	13 septembre 1571	24 novembre 1571	5 mai 1572	4 décembre 1573	3 mars 1576	1er avril 1581	12 sept. 1582	25 janv. 1586
Cap. Laurent de Maugiron (1).	It.	It.	It.	It.	It.	It.	It.	It.	It.	It.	It.	It.	It.	It.	It.	It.
Lieut. Jean d'Arces, sr de Réaumont (2).	It.		It.	It.	It.	It.			François de la Rivière, sr de Rémusat (3).	It.	It.	Claude de Poisieu, sieur du Passage (4).	Gabriel de la Poype, sieur de Saint-Julin (5).	Antoine de Clermont, sr de Montoison (6).	It.	It.
Ens. François de Solliers (7).	It.		It.	Antoine d'Eurre (8).	It.	It.			It.	Claude de Poisieu, sieur du Passage (4).	It.	Gabriel de la Poype, sieur de Saint-Julin (5).	Aimar de Poisieu, sieur du Passage (9).	Jacques de Grôlée, cte de Viriville (10), remp. par Michel de Clissé, sr de la Marousse (11).	It.	It.
Guid. Antoine d'Eurre (8).	It.		It.	François de la Rivière - Rémusat, sr de Sainte-Marie (3).	It.			It.		Gabriel de la Poype, sr de Saint-Julin (5).	It.	Guy d'Arces, sieur de Livarot (12).	It.	Gaspard de Baronnat, sieur de Poleymieu (13).	It.	It.
Mar. des log. Charles de Cossart (14).	It.		It.	It.	It.	Balthazar Genton, sieur de Mallier (15).			It.	Ennemond d'Allyond.	It.		Jacques de Bellefin.	Claude de Lay, sr de Crusselieu (16), remp. par Charles de Lillier, sr d'Ourcinas (17).	It.	It.

COMPAGNIE GUY DE MAUGIRON

Fr. 21508, 830 — 21519, 1405, 1421 — 21520, 1452, 1463.
Fr. 25792, 477.
Clair. 253, 1293 — 254, 1309.
Nouv. acq. fr. 8620, 35 — 8623, 2, 8.

14 décembre 1510	15 septembre 1512	10 juillet 1514	12 septembre 1541	1544	19 sept. 1545	13 octobre 1545	9 octobre 1548	26 juillet 1550	27 avril 1553	24 avril 1554
Cap. Guy de Maugiron (1).	It.	It.	It.	It.	It.	It.	It.	It.	It.	It.
Lieut. Le bâtard d'Eyres.	Blaise de Pardaillan (2).	It.	It.			It.	Guillaume de Maugiron (3).	It.	It.	It.
Ens.	Antoine de Gumin (4).	It.	François de Meuillon (5).			Guillaume de Maugiron (3).		Antoine Clavel (6).	It.	It.
Guid.	Jean de la Roche.	Guillaume de Maugiron (3).	It.			François de Meuillon (5).	Antoine de Lestang (7).	It.	It.	It.
Mar. des log.	Louis Malauson.	Jean de Neyrolles (8).	It.			It.	It.	It.	It.	It.

COMPAGNIE TIMOLEON DE MAUGIRON

Fr. 25823, 556.

8 juin 1592

Cap. Timoléon de Maugiron (1).
Lieut. Claude de la Porte, sieur de Saint-Lattier (2).
Ens. Pierre de Vaulx (3).
Guid. Pierre de Chaboude (4).
Mar. des log. Guillaume de Flavel.

COMPAGNIE MIOLANS

Fr. 21506, 681, 690, 727, 737.
Clair. 240, 567.
Nouv. acq. fr. 8613, 25.

17 février 1501	25 novembre 1501	13 mars 1503	3 juin 1503	5 août 1503	14 janv. 1503
De Myolans (1).	It.	It.	It.	It.	It.
	Sébastien de Compoys (2).		It.		

COMPAGNIE MIOLANS-CHEVRIÈRES

Fr. 21538, 2277.

15 septembre 1581

Cap. Jacques de Miolans, sieur de Chevrières (1).
Lieut. Orso Giacomo Corso.
Ens. Simon Chastelard, sieur de Levaux (2).
Guid. Gabriel Ode, sieur de Triol (3).

COMPAGNIE LA MIRANDOLE

Clair. 271, 3429 — 274, 3931.
Fr. 21535, 2143, 2147 — 21536, 21.2.

1er septembre 1572	6 février 1574	13 avril 1575	26 août 1575	11 mai 1577
Cap. Louis de la Mirandole (1).	It.	Frédéric de la Mirandole (2).	It.	It.
Lieut.	Bertrand Girolamy (3).	Girard de Rieux, sieur de Camotaires (4).	It.	It.
Ens. Bertrand Girolamy (3).	Claude Maffei, sieur de la Mirandole (5).	Edmond Trot (6).	It.	It.
Guid.	Edmond Trot (6).	Claude de Vausèche, sieur de la Tourrette (7).	It.	Claude de Paulat, sieur de la Tour (8).
Mar. des log. Gilbert de Marcassat (9).	It.	Gilbert de Rolat, sieur de Chignières (10).	It.	Georges Sirocque, sieur d'Avignon (11).

COMPAGNIE SENARPONT

Clair. 212, 661.

20 septembre 1511

Cap. Senarpont (1).
Lieut. Antoine de Riencourt (2).

COMPAGNIE SENARPONT

Clair. 256, 1443 — 257, 1473.
Nouv. acq. fr. 8622, 22 — 8623, 12, 16.
Fr. 21522, 1593 — 21526, 1792, 1806.

25 avril 1552	26 juillet 1552	21 avril 1554	4 juill. 1554	27 oct. 1554	22 janv. 1555	1er juin 1565	22 mai 1566
Cap. De Senarpont (1).	It.	It.	It.	It.	It.	It.	It.
Lieut. De Claires (2).	It.	Jean du Biez (3).	It.	It.	It.	François de Boulainvilliers (4).	It.
Ens. De Caurroy.	Jean du Biez (3).	Charles de Rune (5).	It.	It.	It.	Nicolas de Monsures (6).	It.
Guid. De Hames (7).	It.	François d'Auxes (8).	It.	It.	It.	Charles de la Mothe (9).	It.
Mar. des log. Jean de Roethun.	It.	It.	It.	It.	It.	Jean de Boubers (10).	It.

COMPAGNIE D'ESSE

Clair. 255, 1345, 1353, 1355 — 256, 1387, 1435 — 257, 1460.
Fr. 21520, 1460, 1470, 1498 — 21521, 1538.

10 juin 1547	11 nov. 1548	20 juill. 1550	29 janvier 1551	20 avril 1551	28 oct. 1551	13 mai 1552	27 avril 1553	14 août 1553
André de Montalembert, sieur d'Essé (1).	It.	It.	It.	It.	It.	It.	It.	It.
Jean Jay, sr de Boisseguin (2).	It.	It.	It.	It.	It.	It.	It.	It.
François d'Illiers (3).	It.	It.	Jean de la Roche, sieur de Soubrant (4).	It.	It.	It.	It.	It.
Pierre de Tryon (5).	It.	It.	It.	It.	It.	It.	It.	It.
Hector de Montbel.	It.	It.	It.	Pierre de Villedon (6).	It.	It.	It.	It.

COMPAGNIE MARÉCHAL DE MONTEJEAN

Fr. 21517, 1324 — 21518, 1312, 1362, 1364.
Fr. 25790, 328.
Clair. 252, 1191.

4 juillet 1534	5 janv. 1535	31 oct. 1535	1er mai 1536	28 octobre 1538	16 avri 1539
Cap. René de Montejan (1).	It.	It.	It.	It.	It.
Lieut. René de la Jaille (2).	It.		Groignet de Vassé (3).	It.	It.
Ens. Edmond de la Haye (4).	It.			Charles Bernier (5).	It.
Guid. Boissegant d'Evron (Airon, Héron).	It.			It.	It.
Mar. des log.				Julien Goyon (6).	It.

COMPAGNIE MONTGOMMERY-LORGES

Clair. 254, 1321.
Fr. 25790.

12 février 1540	3 mai 1546
Cap. De Lorges (1).	It.
Lieut. Thomas Straton (2).	It.
Ens. James Rudessur (5).	Jean Ogilve.
Guid. Jean Braque (6).	Gand Hume (3).
Mar. des log. François Gubin.	James Grant (4).

COMPAGNIE LAVAL, PUIS ROHAN

Clair. 250, 1097 — 251, 1135, 1169 — 255, 1339, 1317 — 259, 1573 — 131, 1, 2.

Nouv. acq. fr. 8617, 36 — 8619, 14.

Fr. 21513, 1137 — 21514, 1172 — 21515, 1211 — 21516, 1263 — 21521, 1515.

11 septembre 1524	2 août 1526	23 octobre 1527	5 avril 1529	1er juin 1529	3 déc. 1530	24 avril 1547	16 févr. 1548	30 août 1549	21 janvier 1551	21 avril 1551	26 avril 1552
Comte de Laval (1).	It.	It.	It.	It.	It.	Guy de Laval (2).	It.	René de Rohan (3).	It.	It.	It.
Lieut.		Joachim de Matignon (4).	It.	It.	It.	Blaise de Pardaillan (5).	It.	Charles Bernier (6).	It.	It.	It.
Ens.		Christophe de Créneau.	Christophe de Champagne.	It.	It.	Antoine de Loupiat (7).	It.	It.	It.	It.	It.
Guid.		Christophe de Champagne.	Christophe de Trémereul.			Jean-Georges de Rochechouart (8).	It.	It.	It.	It.	It.
Mar. des log.						Odet de Pellaporc (9).	It.	It.	Marc de Loupiat (10).	It.	It.

COMPAGNIE BLAISE DE MONTLUC

Nouv. acq. fr. 8625, 12.

Clair. 261, 1745 — 262, 1777 — 275, 4289.

Fr. 25800, 58.

Fr. 21527, 1850 — 21528, 1890 — 21530, 1978 — 21532, 2043, 2044.

7 décembre 1562	26 mai 1564	15 juill. 1565	21 mai 1566	26 avril 1567	10 mars 1569	20 septembre 1569	8 déc. 1571	Avril 1572	23 mai 1572	27 mai 1575
Blaise de Montluc (1).	lt.	lt.	lt.	lt.	lt.	lt.	lt.	lt.	lt.	lt.
Bertrand de Montluc (2).	lt.	lt.	lt.		Philippe de la Roche, sieur de Fontenilles (3).	Charles de Laval, sieur de Madaillan (4).	lt.	lt.	Jean de Barsac, sieur de Cadreilly (5).	Philippe de la Roche, sieur de Fontenilles (3).
Odet de Verduzan (6).	lt.	lt.	lt.			Jean de Laval, sieur de Saint-Bauzille (7).	lt.	lt.	lt.	
Philippe de la Roche, sieur de Fontenilles (3).	lt.		lt.			Jean de Mons (8).	lt.	lt.	lt.	
Jean de Mons (8).	lt.	lt.	lt.			Bertrand de Montesquiou.	lt.	lt.	lt.	Antoine des Places.

COMPAGNIE FABIEN DE MONTLUC

Clair. 272, 3659 -- 274, 4281.
Fr. 21536, 2207.

10 novembre 1572	9 avril 1573	21 mai 1575
Cap. Fabien de Montluc (1).	It.	It.
Lieut. Charles de Laval (2), remplacé par Jean de Berrac, sieur de Cadreilles (3).	It.	It.
Ens. Jean de Labat, sieur de Buchel.	Jean de Mons (4).	It.
Guid. Jean de Mons (4).	Jean de Vezolles.	It.
Mar. des log.	Bertrand de Montesquiou (5).	Adrien de Montesquiou.

COMPAGNIE JEAN DE MONTLUC

Clair. 275, 4313 — 276, 4589.

30 août 1575	20 mars 1576
Cap. Jean de Montluc (1).	It.
Lieut. Jean de Vérac, sieur de Cadreilles (2).	It.
Ens. Jean de Bezolles (3).	It.
Guid. Joseph de Béarn, baron du Saumon (4).	It.
Mar. des log. Jacques de Guiscars.	It.

Dict. Et.-Maj. — Atlas.

23

COMPAGNIE CONNÉTABLE DE MONTMORENCY

Nouv. acq. fr. 8618, 21 — 8620, 42 — 8622, 1 — 8623, 7 — 8624, 13.

Clair. 214, 825 — 245, 829 — 217, 949 — 250, 1077 — 251, 1123, 1157 — 252, 1209 — 254, 1273, 1301 — 255, 1357 — 258, 1513 — 262, 1769 — 263, 1835 — 77, 152.

Fr. 21512, 1051 — 21513, 1105 — 21515, 1221, 1246, 1249 — 21516 — 21517, 1313 — 21521, 1535 — 21523, 1665 — 21527, 1817.

18 janvier 1520	18 févr. 1520	22 juin 1520	23 fév. 1523	23 mai 1523	8 avril 1524	1er janv. 1526	1527	17 févr. 1528	22 mai 1529	7 mars 1530	15 nov. 1530	1er avril 1532	8 juill. 1534	7 sept. 1535	28 avril 1537	1544	4 juin 1544	20 août 1545	12 nov. 1548	Vers 1550	22 avril 1553	23 avril 1554	21 juillet 1555	21 avril 1556	30 mai 1580	20 mai 1566	18 mai 1567	1er juin 1567
Cap. Anne de Montmorency, sieur de la Rochepot.	It.	It.	Anne de Montmorency (1).	It.	It.	It.	It.	It.	It.	It.	It.	It.	It.	It.	It.	It.	It.	It.	It.	It.	It.	It.	It.	It.	It.	It.	It.	It.
Lieut. Bertrand de Béarn.		François Guérin.	Laurent de Montaignard (2).	It.			François de Béarn.	It.	It.	It.	It.	It.	It.	Gabriel de la Guiche (4).	It.	It.	It.	It.	François de la Tour-Turenne (5).	It.	Jean de Carbonnières, sr de la Capelle (6).	It.	It.	It.	Bertrand de Simiane (7).	Gaspard de Saint-Hérem (8).	It.	It.
							Georges de Tés.	It.	It.	It.	It.	Nicolas de Livron (10).	It.	Thibault Renault, sr de Rion (11).	It.	It.	Bertrand de Simiane, sieur de Gordes (3).	It.	It.	It.	Gaspard de Saint-Hérem (8).	Louis du Brouillart (12).	Gaspard de Saint-Hérem (8).	It.	It.	Louis de Billy (13).	It.	Claude de Créquy (14).
							Jean de Mailly.	It.	Jean de Tés.	It.	It.	It.	It.	Louis de St-Simon (17).	It.	Louis du Brouillart (12).	It.	It.	It.	It.	It.	Jacques d'Augennes (18).	It.	It.	It.	Claude de Créquy (14).	It.	Claude de Bataray (19).
														Guillaume de Surgères (20).	It.	It.	It.	It.	It.	It.	It.	Antoine du Belloy (21).	Jacques-Marie Rival.	Jean du Fresnoy (22).	It.	It.	It.	It.

COMPAGNIE MÉRU

Nouv. acq. fr. 8625, 34 — 8628, 58.
Clair. 261, 1707 — 265, 2245 — 273, 3853.
Fr. 21526, 1826 — 21529, 1926 — 21530, 1957 — 21531, 2136.

27 mai 1565	24 mai 1566	1er juin 1567	12 janvier 1569	26 janv. 1569	29 mai 1569	6 novembre 1569	11 janvier 1571	19 octobre 1571
Cap. Charles de Montmorency, sieur de Méru (1).	It.	It.	It.	It.	It.	It.	It.	It.
Lieut. Pierre de Montmorency (2).	It.	It.	Nicolas de Mornay, sieur de Vilarceaux (3).	It.	It.	It.	It.	Jacques de Prunelay, sieur de Saint-Germain en Beauce (4).
Ens. Claude de Créquy (5).	It.	Antoine de Sillans, s' de Cueilly (6).			It.	Philippe de Varicarville (7).	Guillaume des Prez, sieur d'Hercules (8).	It.
Guid. Antoine de Sillans, sieur de Cueilly (6).	Louis de Chaumont, sieur de Harqueuille (9).	It.	Philippe de Varicarville (7).		It.	Jacques de Prunelay, sieur de Saint-Germain (4).	Claude de l'Isle, s' de Marivault (10).	It.
Mar. des log. Thomas de Beauregard (11).	Abel Lucas, sieur de Courcelles (12).	It.			Jean André, sieur de Boisderesse (13).	It.	Gabriel de Certain, s' d'Houville (14).	It.

COMPAGNIE MARÉCHAL DE MONTMORENCY

Clair. 256, 1423 — 260, 1653 — 271, 3395 — 276, 1199 — 130.

Fr. 25801, 128.

Fr. 21522, 1562 — 21521, 1700 — 21526, 1834 — 21527, 1817 — 21528, 1877 — 21531, 2110 — 21536, 2205.

22 avril 1552	30 avril 1554	Avril-mai 1555	22 juin 1558	15 mai 1561	1er octobre 1565	18 mai 1567	5 juin 1567	2 janv. 1569	25 août 1572	19 févr. 1574	9 févr. 1576	1er oct. 1577
Cap. François de Montmorency (1).	It.	It.	It.	It.	It.	It.	It.	It.	It.	It.	It.	It.
Lieut. René de Bucy (2).	It.	It.	Claude de Ravenel (3).	It.	Antoine d'Oraison, vicomte de Cadenet (4).		It.	It.	It.	It.	It.	It.
Ens. Claude de Ravenel (3).	It.	It.	Jean de Valliquerville (5).	Hector de Cavoye (6).	It.		It.	It.	François de la Porte (7).	It.	It.	It.
Guid. Joachim de Warty (8).	Adrien de Tiercelin (9).		It.	François de la Porte (7).	It.		It.		Pierre de Mornay, sieur de Buhy (10).	It.	It.	It.
Mar. des log. Hector de Cavoye (6).	It.	It.	It.	René de Saint-Martin (11).	It.		Bertrand Malherbe.		Boniface d'Amerval, sr de Condecourt (12).	It.	It.	It.

COMPAGNIE THORÉ

Nouv. acq. fr. 8626, 1 — 8628, 52.
Clair. 262, 1771 — 268, 2837 — 273, 3831.
Fr. 21527, 1851 — 21528, 1898.

20 mai 1566	1er juin 1567	30 oct. 1567	21 avril 1568	5 nov. 1569	6 novembre 1569	16 janvier 1574
Cap. Guillaume de Montmorency, sieur de Thoré (1).	lt.	lt.	lt.	lt.	lt.	lt.
Lieut. Gaspard de la Châtre, sieur de Nançay (2).	lt.		Antoine du Mesnil-Simon, sieur de Parassy (3).	lt.	François de Garges, sieur de Maguelyne (4).	Claude de Créquy, sieur de Bernieulles (5).
Ens. Antoine du Mesnil-Simon, sieur de Parassy (3).	lt.		François de Garges (4).	lt.		lt.
Guid. François de Garges, sieur de Maguelyne (4).	lt.		Guillaume de Hérouville (6).	lt.	lt.	Jean Le Boullanger, sieur de Bournonville (7).
Mar. des log. Louis de Feulx, sieur des Essars (8).	lt.		Alexandre de Brous, sieur de la Rouinière.	lt.	lt.	François d'Esternay, sieur de Coray.

COMPAGNIE LA ROCHEPOT

—

Clair. 250, 1075, 1089 -- 251, 1119 — 254, 1311 — 77, 149.

Nouv. acq. fr. 8618, 21 — 8620, 16, 44.

Fr. 25786, 83 — 25789, 260 — 25791, 380.

Fr. 21512, 1084 — 21513, 1090, 1110, 1142 — 21514, 1156 — 21520, 1458.

	2 juillet 1519	26 août 1524	15 juin 1525	15 janvier 1526	14 juin 1526	7 août 1526	11 févr. 1527	17 juill. 1527	15 sept. 1528	29 janv. 1530	25 août 1539	29 septembre 1542	1544	7 oct. 1545	12 juillet 1549
Cap.	Cap. François de Montmorency, sieur de la Rochepot (1).	François de Montmorency, sieur de la Rochepot (1).	Id.	Id.	Id.	Id.	Id.	Id.	Id.	Id.	Id.	Id.	Id.	Id.	Id.
Lieut.	Lieut.	Georges de Foudras (2).		Id.		Id.	Id.	Id.			René de Bussy (3).	Id.			Id.
Ens.	Ens.			René de Bussy (3).		Id.	Id.	Id.			Jean de l'Isle, sieur de Marivault (4).	Id.			Pierre de Rochebaron (5).
Guid.	Guid.			François de Chenevelles.		Id.	Id.	Id.				François de Monchy (6).			Id.
Mar des log.	Mar des log.										Nicolas de Beaufort (7).	Id.			Jean de Saint-Cler (8).

COMPAGNIE DAMVILLE

Nouv. acq. fr. 8627, 3, 81 — 8630, 11.
Clair. 259, 1571 — 260, 1625 — 269, 3021 — 271, 325 — 278, 5111 — 130, 1.
Fr. 21525, 1745 — 21527, 1839 — 21528, 1896 — 21531, 2019 — 21533, 2089 — 21538, 2275.

	22 août 1559	11 novembre 1561	24 juin 1562	8 juin 1567	20 nov. 1568	8 février 1569	16 avril 1569	5 octobre 1570	12 nov. 1570	25 mai 1572	2 sept. 1572	23 octobre 1573	17 mai 1579	25 avril 1581
Cap. Henri de Montmorency, sieur de Damville (1).		lt.	lt.	lt.	lt.	lt.	lt.	lt.	lt.	lt.	lt.	lt.	lt.	lt.
Lieut. Antoine de Cadenet, vicomte d'Oraison (2).		lt.	lt.	Louis de Neuchèse, sr de Vatresse (3).	lt.	Charles de Lauzun, sr de Pemelan (4).	Louis de Neuchèse, sr de Vatresse (3).	Philibert de la Guiche (5).	lt.	lt.	lt.	Jean de Nadal, sr de la Croisette (6).	lt.	Ferrando Pagano (7).
Ens. François de Neuchèse (8).	Louis de Neuchèse, sr de Vatresse (3).	lt.	Jean de Guers, sieur de Castelnau (9).	Charles de Lauzun (4).		Jean des Guerres.	Jean Escrieune, albanais.	lt.	lt.	lt.	Ferrando Pagano (7).	Bernardino Bedegni.	Guillaume du Caylar, sr de Spondillan (12).
Guid. François de la Noue (13).	Jean de Guers, sieur de Castelnau (9).	lt.	Philibert de la Guiche (5).	lt.		lt.	Jean de Nadal, sr de la Croisette (6).	lt.	lt.	lt.	Guillaume de Montbazin (14).	Guillaume du Caylar (12).	Pierre de Caylus, sr de Colombières (15).
Ens. François de Morel.	Jean de Morel (17).	lt.	Jean de la Croisette (6).	lt.		lt.	Jean de Vault (18).	lt.	lt.	lt.	lt.	Jean de Bar (19).	Antoine de Montesquiou-la Serre (20).

COMPAGNIE MONTMORENCY-BOUTTEVILLE

Clair. 264, 1955.
Fr. 21528, 1903 — 21529, 1915 — 21530, 1987.

25 décembre 1567	23 avril 1568	5 octobre 1568	6 novembre 1569
François de Montmorency, sieur sieur de Boutteville (1).	It.	It.	It.
Lieut. Robert de Longpérier, sieur de Cornal (mort avant le 6 novembre 1569 (2).	It.	It.	Philippe de Fumechon (3).
Ens. Louis de Moy, sieur de Vraynes (4).	Philippe de Fumechon (3).	It.	It.
Guid.	Louis de Moy.	It.	Louis de Graffart, sieur de la Vacheresse (5).
Mar. des log.	François du Buisson (6).	It.	It.

COMPAGNIE MONTMORENCY-FOSSEUX

Clair. 263, 1937 — 264, 2013 — 266, 2355.

19 novembre 1567	25 avril 1568	23 avril 1569
Cap. Pierre de Montmorency, sieur de Fosseux (1).	It.	It.
Lieut. Georges de Montmorency (2).	It.	It.
Ens. Antoine de la Breuille.	It.	Louis de Rouvroy, sieur de Saint-Simon (3).
Guid. Louis de Rouvroy, sieur de Saint-Simon (3).	It.	
Mar. des log. Jean du Plessis, sieur d'Esterpineu (4).	It.	

COMPAGNIE SAINT-HÉREM

Clair. 268, 2691 — 269, 2963 — 270, 3085.

6 juillet 1569	26 avril 1570	12 févr. 1572
Cap. Gaspard de Montmorin, sieur de Saint-Hérem (1).	It.	It.
Lieut. Blaise Loup, sieur de Preuchonnet (2).	It.	It.
Ens. Pierre Dauzers (3).	It.	It.
Guid. François de Rochebaron (4).	It.	It.
Mar. des log. Jean de Mornais, sieur de Leyronne.		

COMPAGNIE PHILIPPE DU MOULIN

Fr. 21506, 723 — 21507, 763, 777.
Fr. 25781, 81.

8 juin 1503	9 avril 1505	21 janv. 1506	4 mars 1507
Cap. Philippe du Moulin (1).	It.	It.	It.

COMPAGINE MOREUL-FRESNOY

Fr. 21512, 1055 — 21513, 1109 — 21514, 1146, 1183 — 21515, 1237.
Fr. 25788, 165 — 25789, 212.
Clair. 245, 833 — 249, 1039.

22 août 1520	21 juin 1523	20 juill. 1524	16 janv. 1526	14 août 1526	25 mai 1527	29 avril 1529	1er janv. 1530
Cap. Artus de Morel, sieur de Fresnoy (1).	It.	It.	It.	It.	It.	It.	It.
Lieut. Jean de Senicourt (2).				Jean d'Oultreleau (3).	It.		
				Pierre Calandre (4).	It.		
				Jean d'Isque (5).	It.		

COMPAGNIE LA FAYETTE

Clair. 213, 775 — 215, 849 — 251, 1161 — 254, 1323 — 257, 1457 — 261, 1857 — 268, 2899 — 272, 3573 — 46, 117.

Fr. 21510, 947, 966, 977 — 21513, 1125 — 21514, 1117, 1118 — 21515, 1236 — 21520, 1183 — 21522, 1569, 1576, 1596, 1602 — 21529, 1910 — 21533, 2693 — 21535, 2161.

Fr. 25789, 281 — 25799, 180, 521.

Nouv. acq. fr. 8617, 7.

14 juin 1517	26 févr. 1518	1 janv. 1519	24 juill. 1519	23 janv. 1521	18 avril 1521	24 fév. 1526	22 août 1526	17 oct. 1526	20 oct. 1529	20 nov. 1530	9 mai 1546	2 août 1551	5 mai 1553	16 mai 1554	30 juill. 1554	27 janv. 1555	1er mai 1555	13 nov. 1556	22 nov. 1557	2 juin 1567	6 nov. 1569	11 janv. 1570	19 février 1573	20 oct. 1573	5 nov. 1575
Cap. Antoine de la Fayette (1).	It.	It.	It.	It.	It.	It.	It.	It.	It.	It.	Louis de la Fayette (2).	Jean de la Fayette (3).	It.	It.	It.	It.	It.	It.	It.	It.	Claude de la Fayette (4).	It.	It.	It.	It.
Lieut. Louis du Liz.				Louis de la Fayette (2).	It.	It.					Jean de la Fayette (3).	Claude de la Fayette (4).	Jacques de Salvert (5).	It.	It.	It.	It.	It.	It.	François de la Rochefoucauld (6).	It.	It.	Christophe Le Loup, sr de Pierrebrune (7).	It.	It.
Ens.										Jean de la Bastide.	Antoine de Lodilau (9).	Jacques de Salvert (5).	Guillaume de Brezons (10).	It.	It.	It.	It.	It.	It.	Hector de Montmorin (11).	Jean de Noizac (12).	It.	It.	It.	It.
Guid.					Jean de la fayette (4).				Antoine de Saint-Projet (13).	Christophe de Loupiat.	Guillaume de Brezons (10).	François de la Fayette (14).	It.	It.	It.	It.	It.	It.	François d'Apchier (15).	It.	It.	François de Beauverger (16).	It.	It.
Mar. des log.										Gilbert du Péage (17).	It.	Antoine de Boisvilliers (18).	It.	It.	It.	It.	It.	It.	Jean de Noizac (12).	Jean des Ages, sr de Chaslus.	It.	Jean de Noizac le jeune (19).	It.	It.

Clair. 247, 981 — 249, 1043 — 251, 1143, 1147 — 255, 1383 — 264, 2075 — 277, 5029 — 278, 5423.

Fr. 21515, 1205, 1240 — 21516, 1270, 1288 — 21517, 1311 — 21518, 1359, 1365, 1372 — 21519, 1411, 1448 — 21521, 1535 — 21524, 1699 — 21530, 1941 — 21531, 2000 — 21537, 2261.

Fr. 25789, 290 — 25799, 571 — 25806, 573.

Nouv. acq. fr. 8612, 28 — 8619, 7 — 8621, 5, 12 — 8624, 11 — 8625, 17 — 8632, 1, 50.

Charge	2 janvier 1526	19 août 1526	27 février 1527	2 janv. 1529	28 avril 1529	3 juillet 1529	29 janv. 1530	29 sept. 1530	22 mars 1531	24 octobre 1532	30 juin 1534
Cap.	Charles de Moy, sieur de la Meilleraye (1).	It.	It.	It.	It.	It.	It.	It.	It.	It.	It.
Lieut.	François d'Auchy.	It.	It.	Antoine de Mailly.	It.	It.	It.	It.	It.	It.	It.
Ens.	Antoine de Pélignac.	It.	Raymond de Carpène.	It.				It.			It.
Guid.	René de Clermont.	Raymond de Carvin.	Jacques de Fresnay.	It.	Jacques de Francières.	It.	François de la Haye (20).	It.	It.	Jean de Courcy (21).	It.
Mar. des log.											Pierre des Escotz (27).

Charge	16 mars 1539	22 avril 1539	8 juin 1540	7 juillet 1545	8 juill. 1545	16 mars 1547	22 sept. 1548	31 juillet 1551	21 avril 1553	5 février 1555	20 juin 1558
Cap.	It.	It.	It.	It.	It.	It.	It.	It.	It.	Jacques de Moy, s^r de la Meilleraye (2).	It.
Lieut.	Jean de Manby.	It.	It.	It.	It. et Jacques de Moy (2).	Jacques de Moy (2).	It.	It.	It.	Jean de Moy (3).	It.
Ens.	Antoine de Marterne, s^r de Montigny (13).	It.	It.	It.	It.	It.	It.	It.	It.	It.	It.
Guid.	It.	Madelon d'Espinay, sieur des Hayes (22).	It.	It.	It.	It.	It.	It.	It.	It.	It.
Mar. des log.	It.	It.		Charles de Bracques (28).	It.	It.	It.	It.		Charles de Gatinesnil (14).	It.

Charge	6 janv. 1559	26 nov. 1564	28 avril 1568	22 avril 1569	12 janvier 1571	31 janvier 1574	22 janvier 1576	3 mars 1576	13 déc. 1578	Dern. février 1581	27 août 1581
Cap.	It.	It.	It.	It.	Jean de Moy, s^r de la Meilleraye (3).	It.	It.	It.	It.	It.	It.
Lieut.	It.	Georges de Moy, s^r de Pierrecourt (7).	Jacquin de Renty (8).	It.	Ezéchias de Mondion, s^r de la Salle (9).	Nicolas de Moy, s^r de Vraines et Ribecpré (10).	It.	It.	It.	It.	It.
Ens.	It.	Charles de Gatinesnil (14).	It.	Gaspard de Couilanville, sieur des Mellans (15).	Paul de Certieux, sieur de Bouqueval (16).	It.	It.	It.	It.	It.	It.
Guid.	Georges de Moy, s^r de Pierrecourt (7).	Pierre Le Normant, sieur de Beaumont (23).	Paul de Certieux, sieur de Bouqueval (16).	It.	Nicolas de Moy, sieur de Vraines (10).		Jacques d'Assy, s^r d'Oilly-le-Tesson (24).	Jean de Sillans, s^r d'Hermanville (25).	It.	Aimar de Manneville (26).	It.
Mar. des log.		Louis du Buisson, sieur de Retaix.	It.		Pierre le Doyen, sieur d'Aulan (30).		Louis du Buisson, sieur de Hazay.	It.	It.	It.	It.

COMPAGNIE NEUCHÈSE-VATRESSE

Fr. 21530, 1959 — 21531, 2011 — 21536, 2203.
Nouv. acq. fr. 8627, 75.
Clair. 263, 1902.

24 novembre 1567	31 déc. 1568	28 mai 1569	12 juillet 1570	8 août 1577
Cap. Louis de Neuchèse, sieur de Vatresse (1).	It.	It.	It.	It.
Lieut. Jean de Laval, sieur de Loe (2).	It.			René de Bressoles, sieur des Bastides (3).
Ens. François de Lèze, sieur de Beauregard (4).		François de la Touche, sieur de Chillac (5).	It.	Jean du Breul, sieur du Peux (6).
Guid. Nicolas de Moussy, sieur de Puyboullard (7).	It.	It.	It.	Louis de Volvire, sieur de Mortagne (8).
Mar. des log. Jean de Reges (Orges), sieur de la Chapelle (9).		It.	It.	Jean de la Tour, sieur de la Valleraye (10).

COMPAGNIE NOGARET-LA VALETTE

Clair. 260, 1667 — 265, 2125 — 268, 2881 — 271, 3251, 3339 — 273, 3797.
Fr. 21531, 2031 — 21535, 2159.
Fr. 25805, 169.
Nouv. acq. fr. 8627, 78.

20 juin 1564	8 juin 1568	31 janv. 1569	30 novembre 1569	25 août 1571	31 déc. 1571	30 mars 1572	31 mai 1572	5 nov. 1573	13 sept. 1575
Jean de Nogaret, sieur de la Valette (1).	It.	It.	It.	It.	It.	It.	It.	It.	It.
Savary de Vize (2).	Bompart de Mélignan, sieur de Trignan (3).		It.	It.	It.	It.	It.	It.	It.
Pierre de Peschart.			Antoine d'Arsac, sieur d'Encausse (4).	Arnault de Montaut, sr de Castelnau (5).	It.	It.	It.	It.	It.
Bompart de Mélignan, sr de Treignan (3).			Arnault de Montault, sieur de Castelnau (5).	Jacques du Cos, sieur de la Hitte (6).	It.	It.	It.	It.	It.
Natal de Corse (7).			Simon Gazier de Vieuxfort, sieur de Roquette (8).	It.	It.	It.	It.	It.	It.

COMPAGNIE BERNARD DE LA VALETTE

Clair. 278, 5293.

6 juin 1581

Cap. Bernard de la Valette (1).
Lieut. Jean de Serre, sieur de Risle (2).
Ens. Jean de Vinos, sieur de Signan (3).
Guid. Pierre Monthunac (4).
Mar. des log. Jean de Puydostile (5).

COMPAGNIE D'O

Clair. 276, 1737 — 277, 4961 — 278, 5285 — 279, 5633.
Fr. 21537, 2260 — 21538, 2267.

28 juillet 1577	5 juillet 1578	14 fév. 1581	16 mars 1581	22 mai 1581	1er juin 1581
François d'O (1).	It.	It.	It.	It.	It.
Louis de Courseulles, sieur de Saint-Remy (2).	It.	It.	It.	It.	
Alexandre de la Vove, sieur de Tourouvre (3).	It.	It.	It.	It.	
Guid. Jean de Courseulles, sieur de Rouvray (4).	Jacques de Crech, sieur d'Izaucourt.	d.	It.	It.	Jean de Courseulles, sieur de Rouvray (4).
Mar. des log. Gaspard de Mallet, sieur de Mauregard (5).	It.	It.	It.	It.	

COMPAGNIE ROTHELIN

Nouv. acq. fr. 8633, 139.

19 mai 1585

Cap. François d'Orléans, marquis de Rothelin (1).
Guillaume d'Anneville, sieur de Chiffreval (2).
Ens. François Mallet, sieur de Drubec et Culli (3).
Guid. Mathurin Gillain, sieur de Barneville (4).
Mar. des log. François Fournier, sieur de Vergemont (5).

COMPAGNIE CHAULNES

Clair. 259, 1603 — 205, 2173 — 271, 3361 — 273, 3909 — 277, 5119.

Nouv. acq. fr. 8624, 34 — 8625, 44 — 8626, 4.

Fr. 21527, 1873 — 21529, 1942 — 21535, 2181.

Juillet 1559	27 juill. 1561	4 juin 1565	24 mai 1566	3 juin 1567	9 décembre 1567	23 septembre 1568	22 avril 1569	22 août 1572	25 janv. 1574	3 mars 1576	3 juin 1578
Cap. Louis d'Ongnies, comte de Chaulnes (1).	lt.	lt.	lt.	lt.	lt.	lt.	lt.	lt.	lt.	Charles d'Ongnies, comte de Chaulnes (2).	lt.
Lieut. Jean de Paillart, sieur de Chocqueuse (3).	lt.	lt.	lt.	François d'Ongnies, sr de Chaulnes (4).	Jean de Paillart (3).	Claude de Mailly.	Louis de Mailly, sr de Humesnil (5).	lt.	lt.	lt.	lt.
Ens. Gilles de Pellevé, sieur de Rebetz (6).	lt.	lt.	lt.	Jean de Paillart, sieur de Chocqueuse (3).		Gilles de Pellevé, sieur de Rebetz (6).	Charles de la Haye, sieur de Follemprise (7).	lt.	lt.	Louis de la Fontaine, sieur de Liécourt (8).	lt.
Guid. François de Rochechouart, sieur de Jars (9).	lt.	lt.	lt.	lt.		Antoine de Bourbon (10).	lt.	Philippe de Valperga (11).	lt.	François de Poix, sieur de Fleury (12).	lt.
Mar. des log. Nicolas d'Héricourt.	lt.	lt.	lt.	lt.		Charles de la Haye (8).	Florimond de Mazinguehem	François de Poix, sieur de Vacquerie (12).	lt.	Guillaume du Mesnil, sieur de Baillet (13).	lt.

COMPAGNIE DUC DE LONGUEVILLE

Nouv. acq. fr. 8625, 2 — 8630, 90 — 8631, 108.

Clair. 259, 1607, 1617 — 260, 1615 — 261, 1987 — 273, 3747 — 276, 1561.

Fr. 21525, 1723, 1711, 1751, 1762 — 21527, 1817 — 21528, 1872 — 21530, 1962 — 21531, 1983, 2030 — 21532, 2053, 2067.

20 juillet 1551	24 juillet 1560	31 juillet 1561	5 nov. 1561	22 février 1562	x juin 1562	10 oct. 1562	21 juillet 1563	26 janvier 1564	1 nov. 1566	7 déc. 1565	6 janvier 1569	28 mai 1569	27 nov. 1569	17 déc. 1570	27 avril 1572	22 août 1572	18 oct. 1573	19 oct. 1574	1 nov. 1575	11 mars 1576
Cap. François d'Orléans, duc de Longueville (1).	Léonce d'Orléans, duc de Longueville (2).	It.	It.	It.	It.	It.	It.	It.	It.	It.	It.	It.	It.	It.	It.	It.	Henri d'Orléans, duc de Longueville (3).	It.	It.	It.
Lieut. Jacques de la Brosse (4).	Louis de Bueil (5).	Louis de Chasteigner (6).	Roch de Chasteigner (7).	It.	It.	It.	Gilbert de Saint-Aignan (8).	It.	It.	It.	It.	François d'Orléans (9).	It.	It.	It.	It.	It.	It.	It.	It.
Ens. Claude de Savary.	Antoine de Sainte-Colombe (11).	It.	Gilbert de Saint-Aignan, sieur de la Gastine (8).	It.	It.	It.	François d'Orléans (9).	It.	It.	It.	It.	Jacques Le Voyer, sr de Boistravers (12).	It.	It.	It.	It.	It.	It.	It.	It.
Guid. Jacques de Menou (13).	François d'Orléans, sr de Rothelin (9).	It.	It.	It.	It.	It.	François de Balsac (14).	It.	Jacques de Mauléon.		Jacques Le Voyer (12).				Jean de Losse (16).	It.	It.	It.	It.	It.
Mar. des log. Jean de Brezolles.	Pierre Thauvyn (18).	It.		Guillaume de Boullebart (19).				François de Veilhan, sr de la Majorie (20).	It.	It.	It.	It.	Claude de Riclaines, sieur de la Chaize (21).	It.	It.	It.	It.	It.	It.	It.

COMPAGNIE DES DUCS DE LONGUEVILLE

Clair. 211, 583, 623 — 212, 671, 673, 681 — 243, 737 — 250, 1073 — 251, 1131 — 252, 1189.

Nouv. acq. fr. 8615, 15, 19 — 8619, 1, 36.

Fr. 25781, 101.

Fr. 21507, 792 — 21508, 810, 812, 864 — 21511, 1035 — 21512, 1072 — 21513, 1034.

8 mai 1504	10 août 1507	17 janvier 1508	30 mai 1509	20 mars 1511	26 mai 1512	15 nov. 1512	20 nov. 1512	21 nov. 1512	18 avril 1513	27 juin 1513	10 janv. 1516	11 mai 1522	30 oct. 1523	5 juillet 1525	3 février 1528	16 septembre 1528	21 mars 1530	9 sept. 1534	20 déc. 1534
Cap. François d'Orléans (1).	It.	It.	It.	It.	Louis d'Orléans (2).	It.	It.	It.	It.	It.	It.	Claude d'Orléans (3).	It.	Louis d'Orléans (4).	It.	It.	It.	It.	It.
Lieut.		Jacques de Daillon du Lude (5).	It.				Louis de Montbron.		Jacques de Daillon. (5).					Marquis de Rothelin (7).	Hughes des Loges, sr de la Boulaye (8).	It.	It.	De Beaumont-Brizay (9).	It.
Ens.															Claude de Rouvray (10).	It.	It.	Claude de Rouvray (11).	It.
Guid.															Claude de Rouvray (11).	De Cyens (11).	Claude de Rouvray (11).	Urbain de Trébuchet (12).	It.
Mar. des log.																		Gilles des Gretz (13).	It.

COMPAGNIE ROTHELIN

Clair. 252, 1211.
Fr. 21518, 1368, 1373 — 21519, 1437, 1440.
Nouv. acq. fr. 8621, 17.

25 juillet 1537	3 septembre 1539	3 janvier 1540	13 juin 1540	5 mai 1546	13 juill. 1546
Cap. Marquis de Rothelin (1).	It.	It.	It.	It.	It.
Lieut. Robert de Pommereul (2).	Claude de Rouvray (3).	It.	It.	It.	It.
Ens. Louis de Neufville (4).	It.	It.	It.	It.	It.
Guid. Jacques de Hémard (5).	Claude des Essars (6).	It.	It.	Philippe de Boullehard (7).	It.
Mar. des log. Jean de Fenoillet (8).	It.	It.	It.	It.	It.

COMPAGNIE ORNESAN-AURADÉ

Clair. 266, 2349.

22 avril 1569

Cap. Frédéric d'Ornesan, sieur d'Auradé (1).
Lieut.
Ens. Pierre de Lambes (2).
Guid. François de Martres (3).
Mar. des log. Antoine de Saint-Agnet.

COMPAGNIE D'OSSUN

Fr. 21523, 1663.

11 mars 1556

Cap. M. d'Ossun (1).
Lieut. Antoine de Rogemont (2).
Ens. Charles de Benaut (3).
Guid. François de Montbagnac (4).
Mar. des log. Antoine de Molhezac (5).

COMPAGNIE ORSINI DE CERI

Fr. 21514, 1192 — 21517, 1332 — 21518, 1349.
Fr. 25788, 227 — 25790, 359.
Nouv. acq. fr. 8620, 10.

19 août 1526	5 juin 1528	17 mars 1536	25 février 1537	29 octobre 1537	20 octobre 1540
Cap. Jean-Paul Renzo Orsini di Ceri (1).	It.	It.	It.	It.	It.
Lieut.		Jacques de l'Anguillara (2).	Flaminio de l'Anguillara (3).	It.	It.
Ens.		Jacques d'Angely.	It.		Michel-Angelo Couro, romano (4).
Mar. des log.			Gaspard Pralin (5).	It.	

COMPAGNIE MARQUIS DE MONTFERRAT

Nouv. acq. fr. 8615, 16.
Clair. 77, 5 — 241, 591.
Fr. 21506, 715 — 21508, 858, 863, 865, 871, 876.

19 juin 1504	9 oct. 1504	28 août 1512	26 déc. 1512	14 juin 1513	12 août 1513	28 juin 1514	16 janv. 1515	15 juill. 1516
Cap. Marquis de Mont-ferrat (1).	lt.	lt.	lt.	lt.	lt.	lt.	lt.	lt.
Lieut.						Jacques Le Jeune, sieur de Malherbe (2).	lt.	

COMPAGNIE PEPOLI

Fr. 21513, 1128.
Clair. 249, 1045.

10 mars 1526	27 août 1526
Cap. Huge Pepoli (1).	lt.

COMPAGNIE GALEAZZO PALLAVICINI

Fr. 21508, 838, 839.
Nouv. acq. fr. 8637, 1.

16 juin 1507	17 mars 1511
Cap. Galeazzo Pallavicini (1).	lt.
Lieut. De Ranet.	Marc-Antonio Pallavicini (2).

COMPAGNIE PARDAILLAN-GONDRIN

Clair. 265, 2273 — 268, 2737.

6 février 1569	17 septembre 1569
Antoine de Pardaillan, sieur de Gondrin (1).	It.
Lieut. Hector de Pardaillan, sieur de Montespan (2).	It.
Ens. Michel de Narbonne, sieur de Fimarçon (3).	It.
Guid. Carbon du Lau (4).	It.
Mar. des log. Prix Delau (5).	Guy de Mènes.

COMPAGNIE PISSELEU-HEILLY

Clair. 254, 1287, 1295.
Fr. 21519, 1422, 1442.

3 octobre 1544	6 août 1545	19 oct. 1545	13 mars 1547
Cap. Adrien de Pisseleu, sieur de Heilly (1).	It.	It.	It.
Lieut. Thibaut Rouault, sr de Riou (2).			Jean d'Oultreleau.
Ens. Jean d'Oultreleau (3).			Georges de Cazenave (4).
Guid. Louis de Chantemesle.			It.
Mar. des log. Pierre de la Chapelle.			It.

COMPAGNIE BOURDILLON

Clair. 256, 1425 — 260, 1663, 1703 — 262, 1797.
Nouv. acq. fr. 8623, 22 — 8624, 7.
Fr. 21523, 1650 — 21524, 1668, 1711 — 21525, 1750 — 21526, 1795.
Fr. 25798, 420 — 25800, 20.

25 avril 1553	20 janv. 1555	23 juill. 1555	24 janv. 1556	25 avril 1556	31 janvier 1558	30 juillet 1559	1 août 1560	11 mars 1562	27 mai 1564	23 février 1565	3 juin 1565	27 mai 1566
Cap. Imbert de la Platière, sieur de Bourdillon (1).	It.	It.	It.	It.	It.	It.	It.	It.	It.	It.	It.	It.
Lieut. Louis de Chastellux (2).	It.	It.	It.	It.		It.	It.	It.	It.	It.	It.	It.
Ens. Jean du Chenay (3).	It.	It.	It.	It.		Guy de la Tournelle (4).	It.	It.	It.	It.	It.	It.
Guid. Claude de Rochefort (5).	It.	It.	It.	It.	Guy de la Tournelle (4).	René de la Platière (6).	It.	It.		Jean de Senecterre (7).	It.	It.
Mar. des log. Pierre de Lys (8).	It.	It.	It.	It.	It.	It.	It.	It.	It.	It.	It.	It.

COMPAGNIE VALLERY

Fr. 21511, 1021 — 21512, 1052.

18 septembre 1521	2 juin 1523
Cap. Michel de Poisieu, dit *Capdorat*, sieur de Vallery (1).	lt.

COMPAGNIE BEAUMONT-POLIGNAC

Clair. 240, 529.

1er mars 1501

Cap. feu M. de Beaumont-Polignac (1), remplacé par Antoine de Baissey.
Lieut. Jean de Montdragon.

COMPAGNIE BEAUMONT-POLIGNAC

Fr. 25790, 358.

26 août 1540

Cap. De Beaumont-Polignac (1).

COMPAGNIE POMPÉRANT

Fr. 21513, 1139 — 21514, 1175.
Clair. 247, 987 — 249, 1021.

20 janvier 1526	3 août 1526	1526	16 déc. 1527
Cap. Joachim de Pompérant (1).	It.	It.	It.
Lieut. Charles d'Arsac.			
Ens. Bastien de Paucaire.			
Guid. Louis de Lage (2).			

COMAGNIE PONTEVÈS-CARCES

Nouv acq. fr. 8629, 2 — 8631, 114.
Clair. 269, 2971 — 276, 4445.
Fr. 21531, 2005.

29 avril 1570	20 mars 1575	26 juin 1576
Cap. Jean de Pontevez, comte de Carces (1).	It.	It.
Lieut. Claude d'Alagonia, sieur de Mérargues (2).	It.	It.
Ens. Gaspard de Villeneuve, baron des Arcs (3).	Jacques de la Vérune (4).	Robert de Quiqueran, sieur de Beaujeu (5).
Guid. Robert de Quiqueran, sieur de Beaujeu (5).	Gaspard de Brancas, sieur d'Oyse (6).	
Mar. des log. Louis de Blacas, sieur d'Aulps (7).	It.	Gaspard de Castellanne, sr de Collombe (8).

COMPAGNIE SANSAC

Nouv. acq. fr. 8624, 6, 10, 17 — 8625, 6, 11 — 8627, 46 — 8630, 6, 50.
Clair. 257, 1419 — 258, 1535 — 259, 1599, 1613 — 261, 1737 — 272, 3581 — 273, 3891.
Fr. 21521, 1532 — 21522, 1573 — 21524, 1687, 1705, 1716 — 21525, 1713, 1715, 1719, 1724, 1730, 1740, 1752, 1757, 1770 — 21526,
1799 — 21527, 1854 — 21529, 1927, 1936 — 21530, 1972 — 21532, 2057 — 21533, 2102 — 21534, 2137 — 21535, 2152.

	23 janvier 1553	23 avril 1553	29 juill. 1554	4 nov. 1556	28 juillet 1557	13 nov. 1557	18 juin 1558	6 déc. 1558	14 août 1559	16 janv. 1560	28 avril 1560	25 juill. 1560
Cap. Louis Prévost, sieur de Sansac (1).	Cap. Louis Prévost, sieur de Sansac (1).	It.	It.	It.	It.	It.	It.	It.	It.	It.	It.	It.
Lieut. Jean de Crégny (2).	Lieut. Jean de Crégny (2).	It.	It.	It.	Jacques de Montberon (3).	It.	It.	It.	It.	It.	It.	It.
Ens. Raymond Guy.	Ens. Raymond Guy.	It.	It.	It.	Méry de Boulainvilliers (8).	It.	It.	It.	It.	It.	It.	It.
Guid. Méry de Boulainvilliers (8).	Guid. Méry de Boulainvilliers (8).	It.	It.	It.	René de Montberon.	It.	It.	It.	Pierre de Chabans (7).	It.	It.	It.
Jean de Boffles (20).	Jean de Boffles (20).	It.	It.	It.		Durand le Sellier.	It.	Aimar Crevost (22).	It.	It.	It.	It.

	20 nov. 1560	28 mars 1561	8 août 1561	31 oct. 1561	10 févr. 1562	15 juin 1562	27 juin 1562	15 janv. 1563	25 juin 1563	5 mars 1564	3 oct. 1565	6 nov. 1565
Cap. Louis Prévost, sieur de Sansac (1).	It.	It.	It.	It.	It.	It.	It.	It.	It.	It.	It.	It.
Lieut. Jean de Crégny (2).	It.	It.	It.	It.	Pierre de Chabans (4).	It.	It.	It.	It.	It.	It.	It.
Ens. Raymond Guy.	It.	It.	It.	It.	Pierre de Chabans (4).	It.	It.	It.	It.	It.	It.	It.
Guid. Méry de Boulainvilliers (8).	It.	It.	It.	It.	Henri de Groussches (9).	It.	Louis de Rochebeaucourt (10).	It.	It.	It.	Jean François de Sansac (14).	It.
Jean de Boffles (20).	It.	It.	It.	It.	It.	It.	It.	It.	It.	François de Chasteau (15).	It.	It.

	13 nov. 1567	30 mars 1568	30 juillet 1569	28 janvier 1570	30 avril 1572	28 oct. 1572	11 janvier 1574	21 janvier 1574	19 févr. 1574	5 juin 1574	20 oct. 1574	21 sept. 1575
Cap. Louis Prévost, sieur de Sansac (1).	It.	It.	It.	It.	It.	It.	It.	It.	It.	It.	It.	It.
Lieut. Jean de Crégny (2).	It.	It.	Hugues de Lestanges, sieur de St-Alvère (5).	François Frottier, sieur de la Messellière (6).	It.	It.	It.	It.	It.	It.	It.	It.
Ens. Raymond Guy.	Henry de Groussches (9).	It.	Georges Thibault.	Pierre Frottier, sr de Chamousseau (11).	It.	It.	It.	It.	It.	It.	It.	It.
Guid. Méry de Boulainvilliers (8).	François de Chasteau (15).	Jacques d'Ians, sieur d'Ostla... (16).	François de Chasteau (17).	Jacques de la Marthonye (17).	It.	Jean Prévost, sr d'Estrées (18).	Godefroy Guy, sieur du Breuil (19).	It.	It.	It.	It.	It.
Jean de Boffles (20).	Baptiste de Chalans (23).	Jean de la Chaise, sr de Chambonneau.	Baptiste de Chalans.	Jean de la Chaise, sr de Chambonneau.	It.	Jean de l'Estoille.	Jean de la Chaise, sr de Chambonneau.	It.	It.	It.	Marc Deschamps, sieur de Roucfort (26).	Jean de l'Estoille (25).

COMPAGNIE MARÉCHAL DE MONTPEZAT

Clair. 252, 1195.
Fr. 21515, 1205, 1234 — 21517, 1326, 1331.
Nouv. acq. fr. 8618, 25, 35 — 8620, 27.
Fr. 25790, 371 — 25792, 466, 473.

12 septembre 1526	6 janvier 1528	31 mars 1529	23 sept. 1529	19 juillet 1535	14 nov. 1535	16 févr. 1536	22 février 1543	3 oct. 1543	7 févr. 1544
Maréchal de Montpezat(1).	It.	It.	It.	It.	It.	It.	It.	It.	It.
	François d'Escandillac.	Guyon de Castelpers (3).	It.	It.	It.	It.	Flotard de Gourdon (4).	It.	It.
	Dominique de la Louaire.	Paul de Cajare (5).		It.	It.	It.	It.	It.	It.
	Antoine de Beaulac dit Trévoux (6).	It.		It.	It.	It.	It.	It.	It.
				Jean de Favas (Savas).			Jean de Saint-Martin (7).	It.	It.

COMPAGNIE ESME DE PRIE

Nouv. acq. fr. 8626, 74.
Clair. 296, 2319, 2387.

26 avril 1569	22 août 1569	22 décembre 1569
Cap. Edme de Prie (1).	It.	It.
Lieut. René de Prie, sieur de Beuzeville (2).	It.	It.
Ens. François de Chamigny, sieur de Briare (3).	It.	Claude de Perville, sieur de Château-Landon (4).
Guid. Louis de St-Aubin, sieur de la Varenne (5).	It.	Balthazar de Gournay.
Mar. des log. Balthazar de Gournay.	It.	Nicolas de Richebourg (6).

COMPAGNIE MELCHIOR DE MONTPEZAT

Fr. 21526, 1772 — 21532, 2050 — 21533, 2074.
Clair. 263, 1915 — 266, 2285 — 267, 2651 — 272, 3203 — 133, 18.

25 février 1565	9 nov. 1567	22 juin 1569	27 janvier 1570	15 sept. 1570	2 novembre 1571	24 avril 1572	29 sept. 1572
Cap. Melchior des Prez, sieur de Montpezat (1).	It.	It.	It.	It.	It.	It.	It.
Lieut. Claude de Lévis, sieur de Cousan (2).		Jean de Quierzac (3).	It.	It.	It.	It.	It.
Ens. Tristan de Jalingues, sieur d'Artignedieu (4).		It.	It.	It.	It.	It.	It.
Guid. François de la Béraudière (5).		Antoine de la Tourrette (6).		It.	It.	It.	It.
Mar. des log. Antoine de la Tourrette (6).		Jacques de Ruffy.	Antoine de la Tourrette (6)..		René Levrault, sr de Remonet (7).	It.	It.

COMPAGNIE AIMAR DE PRIE

Fr. 21507, 801 — 21508, 843 — 21509, 904 — 21510, 915.
Clair. 241, 643 — 243, 761 — 245, 843.
Nouv. acq. fr. 8616, 16 — 8617, 24.
Fr. 25786, 1.

14 septembre 1509	3 déc. 1509	25 mars 1511	12 fév. 1515	10 avril 1516	13 sept. 1516	15 février 1517	13 fév. 1518	27 janv. 1521	12 nov. 1522
Cap. Aymar de Prie (1).	It.	It.	It.	It.	It.	It.	It.	It.	It.
Lieut. Saint-Bonnet (2).	It.	It.				De Beaumont.		It.	It.

COMPAGNIE PUYGUYON

Fr. 21509, 930.
Fr. 25786, 44.

17 juin 1517	20 décembre 1517
Cap. René de Puyguyon (1).	It.

COMPAGNIE RAFFIN

Fr. 25788, 209 — 25792, 341 — 25793, 549, 588 — 25794, 72.
Nouv. acq. fr. 8618, 34.
Clair. 252, 1173.

22 mars 1526	5 janvier 1528	20 sept. 1531	13 mars 1538	15 déc. 1545	26 déc. 1546	13 sept. 1549
Poton Raffin, sén. d'Agenais (1).	It.	It.	It.	It.	It.	It.
Janot de Lasne (2).	It.	It.	It.	It.	It.	It.

COMPAGNIE GUY RANGONE

Fr. 21515, 1222.

31 mai 1529

Cap. Guy Rangone 1).
Lieut. Galiot de Malestable.
Ens. Jean-Marie de Gabia.
Guid. Hughes de Massay.

COMPAGNIE RENTIGNY

Nouv. acq. fr. 8629, 11.
Fr. 21529, 1924.
Clair. 264, 1951.

24 novembre 1567	10 janvier 1570	9 juin 1570
Cap. Claude de Ravenel, sieur de Rentigny (1).	Id.	Id.
Lieut. Méry de Ligny, sieur de Baray (2).	Id.	René de Brunsay, sieur de Quincy (3).
Ens. René de Brunsay, sieur de Quincy (3).	Id.	Claude de Buz, sieur de Villemareul (4).
Mar. des log.	Antoine des Essars, sieur de Lignières (5).	

COMPAGNIE DU REFFUGE

Nouv. acq. fr. 8617, 22.

27 septembre 1522

Charles du Reffuge (1).

COMPAGNIE RHINGRAVE

Clair. 262, 1803.

20 mai 1566

Cap. Le Rhingrave (1).
Lieut. Georges de Savigny (2).
Ens. François de Mailly (3).
Guid. Jean de Beauvau.
Mar. des log. Léonard de Serocourt (4).

COMPAGNIE GALIOT DE GENOUILLAC

Fr. 21505, 668, 669 — 21506, 731, 739 — 21507, 756, 764, 770, 816 — 21509, 935 — 21510, 983, 984 — 21511, 993, 1018, 1032 —
21512, 1061 — 21513, 1087 — 21514, 1143, 1169, 1173, 1197 — 21515, 1249, 1248 — 21516, 1261, 1262 — 21517, 1321, 1333, 1334,
1340 — 21518, 1346, 1351, 1352, 1383 — 21519, 1433, 1436.
Fr. 25784, 80 — 25789, 297, 299 — 25790, 310 — 25792, 140.
Nouv. acq. fr. 8612, 15 — 8646, 15 — 8617, 16 — 8644, 31 — 8620, 22, 35 — 1560, 11.
Clair. 211, 611 — 212, 715 — 214, 805 — 240, 1059 — 251, 1133 — 254, 1350 — 51, 76.

18 juin 1500	1er juin 1500 / 1er mars 1502 / 25 août 1503 / 24 février 1504 / 1er avril 1505 / 16 juin 1505 / 23 janvier 1506 / 19 avril 1506 / 10 sept. 1509 / 25 mars 1510 / 25 août 1515	5 sept. 1516	30 juin 1517	6 juill. 1518	30 sept. 1519	19 août 1520	18 juill. 1521	1er mars 1522	22 juill. 1523	22 avril 1526	4 mai 1526	13 août 1526	30 juill. 1527	17 nov. 1527	28 sept. 1528	6 mai 1529	24 mars 1530	6 nov. 1530
Cap. Jacques Galiot de Genouillac (1).	lt.	lt.	lt.	lt.	lt.	lt.	lt.	lt.	lt.	lt.	lt.	lt.	lt.	lt.	lt.	lt.	lt.	lt.
Lieut.		Jean de la Barguelonnac (2)	lt.	lt.	lt.	lt.	Jordi de la Roque (3)	Hugues de la Roque (4)	lt.	lt.	lt.	lt.	lt.	lt.	lt.	lt.	lt.	lt.
Ens.							Jean de Raber (16)	Jean de Montsalès	lt.	lt.	lt.	lt.	lt.	lt.	lt.	lt.	lt.	lt.
Guid.							Gratien de Pairac (17)	Jean de Mazières (18)	lt.	lt.	lt.	lt.	lt.	lt.	lt.	lt.	lt.	lt.
Mar. des logis.																		

18 juin 1500	18 oct. 1531	1531	27 avril 1531	25 juill. 1535	1er août 1536	31 août 1536	1er avril 1537	1er oct. 1537	15 déc. 1537	1er mars 1538	22 mars 1542	11 oct. 1544	1544	11 mars 1546	9 juill. 1546	1546
Cap. Jacques Galiot de Genouillac (1).	lt.	lt.	lt.	lt.	lt.	lt.	lt.	lt.	lt.	lt.	lt.	lt.	lt.	lt.	lt.	lt.
Lieut.	lt.	lt.	lt.	lt.	lt.	lt.	Simon de la Roque (5)	lt.	Gaspard de Tavannes (6)	lt.	Simon de la Roque (6)	Gaspard de Tavannes (6)	lt.	Antoine de Terride (7)	lt.	lt.
Ens.	lt.	lt.	lt.	lt.	lt.	lt.	Flotard de Gourdon (9)	lt.	Antoine de Terride (7)	lt.	Flotard de Gourdon (9)	Antoine de Terride (7)	lt.	Antoine de Péricart (10)	lt.	lt.
Guid.	lt.	lt.	lt.	lt.	lt.	lt.	Gaspard de Tavannes (6)	lt.	Antoine de Péricart (10)	lt.	Gaspard de Tavannes (6)	Antoine de Péricart (10)	lt.	Jean de Polastron (12)	lt.	Jacques de Salvert (13)
Mar. des logis.							Silvestre de la Roche-Lambert (14)	lt.	Antoine de Fressinel (15)	lt.	Silvestre de la Roche-Lambert (14)	Antoine de Fressinel (15)	lt.	Jacques de Salvert (13)	lt.	Antoine de Fressinel (15)

COMPAGNIE RENTY

Nouv. acq. fr. 8626, 25.

Cap. Jacques de Renty (1).
Lieut. César de Margival, sieur de Salency (2).
Ens. Jacques du Merle, sieur de Blancbuisson (3).
Guid. Félix le Gris, sieur de Chauffour (4).

COMPAGNIE RIEUX

Clair. 251, 1165.
Fr. 21515, 1209, 1210.

1er avril 1529	26 novembre 1530
Cap. Claude de Rieux (1).	It.
Lieut. Jean, bâtard de Rieux (2).	It.
Ens. Marc de Carné (3).	It.
Guid. Raoul de Juch (4).	It.

COMPAGNIE RIEUX-CHATEAUNEUF

Clair. 266, 2303 — 267, 2663.

31 mai 1569	16 février 1570
Cap. Guy de Rieux, sieur de Chateauneuf (1).	It.
Lieut. Jacques du Breuil, sieur de Boisdoré (2).	It.
Ens.	
Guid. Pierre de la Mothe, sieur de Lougle (3).	It.
Mar. des log. Charles de Buard, sieur de la Pichardière.	It.

COMPAGNIE MARÉCHAL DE RIEUX

Fr. 21506, 693, 706, 711, 750 — 21508, 833, 847 — 21509, 912.
Clair. 210, 513, 555 — 212, 689 — 213, 797 — 133, 66, 69, 70.
Nouv. acq. fr. 8613, 20 — 8615, 17, 25.
Fr. 25783, 25 — 25786, 29.

19 novembre 1500	30 août 1500	8 déc. 1500	23 janv. 1501	20 mai 1501	15 août 1502	13 juill. 1504	27 sept. 1504	1er décembre 1509	2 févr. 1511	15 sept. 1511	2 avril 1512	30 août 1513	4 mai 1514	17 déc. 1514	21 nov. 1515	20 août 1516	25 août 1516	27 févr. 1518
Cap. Maréchal de Rieux (1).	It.	It.	It.	It.	It.	It.	It.	It.	It.	It.	It.	It.	It.	It.	It.	It.	It.	It.
Lieut. Bernard de Froissy.						It.	It.	Jean, bâtard de Rieux (2).	It.	It.	It.		It.	It.			It.	It.
								Bastien de la Vieuville (5).	It.					It.				

COMPAGNIE ANTOINE DE ROCHECHOUART

Clair. 252, 1225.
Fr. 21518, 1397 — 21519, 1403.

20 juin 1538	11 mars 1544	24 juillet 1544
Cap. Antoine de Rochechouart, sénéchal de Toulouse (1).	It.	It.
Lieut. Claude de Beaujeu.	Louis du Plessis (2).	It.
Ens. Jacques, baron de Rieux (3).	Jean Rolet.	
Guid. René de Rochechouart (4).	It.	
Mar. des log.	Barthélemy de la Roquette.	Georges de la Favelle.

COMPAGNIE ROCHECHOUART-MORTEMART-LUSSAC

Clair. 263, 1939 — 272, 3631 — 273, 3765 — 276, 1799.
Fr. 21531, 1945 — 21531, 2121 — 21535, 2157.

29 novembre 1567	7 décembre 1569	8 avril 1573	17 octobre 1573	8 juin 1574	3 octobre 1575	26 septembre 1577
Cap. René de Roche-chouart - Mortemart, sieur de Lussac (1).	Id.	Id.	Id.	Id.	Id.	Id.
Lieut. François Frotier, sieur de la Messelière (2).	Jean de la Richardie (3).	Gabriel de la Rye, sieur de la Coste (4).	Id.	Id.	Id.	Nicolas de Moussy, sieur de Puyboullard (5).
Ens. Gabriel de la Rye, sieur de la Coste (4).	Id.	Nicolas de Moussy, sieur de Puyboullard (5).	Jacques de Vallezer-gues, sieur de Ce-ray (6).	Id.	Jean-Jacques de Nuchèze, sieur de Bryn (7).	Id.
Guid. Jean de Rilhac, sieur de Brigueil (8).	Bonaventure de Saint-Mauris (9).	Jacques de Vallezer-gues, sieur de Ce-ray (6).	Jean Taveau, sieur de Mortemer (10).	Georges de Moussy, sieur du Perron (11).	Id.	Id.
Mar. des log.		Georges de Moussy, sieur du Perron (11).	Id.	Claude de Laage (12).	Jean Turpin, sieur de la Bataille (13).	Id.

COMPAGNIE LA ROCHE-FONTENILLES

Nouv. acq. fr. 8628, 37 — 8631, 13.

15 décembre 1569	6 septembre 1575
Cap. Philippe de la Roche, sieur de Fontenilles (1).	Id.
Lieut. Roger de Noue (2).	Jean-Antoine de la Roche, sieur de Gensac (3).
Ens. Jean-Antoine de la Roche, sieur de Gensac (3).	Paul de Benque, sieur de Montgros (4).
Guid. Gabriel de Noue.	Odet de la Roche, sieur des Housseries (5).
Mar. des log. Guillaume du Puys, sr de Condom.	Antoine des Planes (6).

COMPAGNIE LA ROCHEFOUCAULD

Clair. 262, 1801.
Fr. 21525, 1753 — 21526, 1829.
Fr. 25799 — 25800, 24.

15 novembre 1558	15 novembre 1560	28 mai 1566	2 juin 1567	27 juin 1569
Cap. François de la Rochefoucauld (1).	Id.	Id.	Id.	Id.
Lieut. Charles de Rochechouart (2).	Antoine de la Rochefoucauld, sr de Chaumont (3)	Id.	Id.	Id.
Ens. Guyon d'Escorailles (4).	Gilles de Courbattières (5).	Joachim le Vasseur (6).	Id.	Borran (4).
Guid. Joachim le Vasseur (6).	Guyon d'Escorailles (4).	François de la Rochefoucauld (7).	Id.	
Mar. des log. Guillaume de Salles, sr de Courbattières (5).	Joachim le Vasseur (6).	Pierre de Villedon (8).		Guillaume de Salles, sr de Courbattières (5).

COMPAGNIE BARBEZIEUX

Nouv. acq. fr. 8627, 31 — 8630, 82 — 8631, 149.
Clair. 265, 2231, 2309 — 133, 97.
Fr. 21527, 1817 — 21528, 1869.
Fr. 25801, 101, 185 — 25808, 183.

16 décembre 1564	18 mai 1567	9 juin 1567	2 déc. 1567	25 avril 1568	5-6 oct. 1568	10 janvier 1569	22 avril 1569	23 avril 1569	7 septembre 1574	19 oct. 1575	13 décembre 1576
Cap. Charles de la Rochefoucauld, sieur de Barbezieux (1).	lt.	lt.	lt.	lt.	lt.	lt.	lt.	lt.	lt.	lt.	lt.
Lieut. Charles de Malain, sieur de Misery (2).	lt.			lt.	lt.				lt.	lt.	Joachim de Chastenay, sieur de Villars (3).
Ens. Jean de Durat (4).	lt.			Charles de Stainville, sieur de Pouilly (5).	lt.		lt.	lt.	Gratien de Pontville, sieur de Villéne (6).	lt.	Georges de Saint-Belin, sieur de Dielle (7).
Guid. Charles de Stainville (5).	lt.			Gratien de Pontville, sieur de Villéne (6).	lt.	lt.		lt.	Jean de Wissey, sieur de Beauregard (8).	lt.	lt.
Mar. des log. Hector de Blondeau, sieur de Villefranche (9).				lt.	lt.	Charles de Stainville-Pouilly (5).			Gabriel de Bonne.	lt.	lt.

COMPAGNIE ROCHEFORT

Clair. 278, 5215.

25 août 1581

Cap. De Rochefort (1).
Lieut. Jean d'Estampes, sieur de Valençay (2).
Ens. Claude Brochet, sieur de Palluau.
Guid. Jacques de Pernan, sieur de Châtillon.
Mar. des log. Louis de Mareuil, sieur de la Guesnière (3).

COMPAGNIE BARBEZIEUX

Clair. 247, 955 — 250, 1113 — 252.
Fr. 21513, 1096, 1126 — 21514, 1186 — 21517, 1314.

11 septembre 1524	10 juillet 1525	5 mars 1526	26 avril 1528	11 sept. 1529	14 juillet 1531	6 juin 1535
Cap. Antoine de la Rochefoucauld, sr de Barbezieux (1).	It.	It.	It.	It.	It.	It.
Lieut. Jacques du Pont (2).		Jean de Corbon (3)	Charles de Bontez.			Louis de la Rochefoucauld (4).
Ens.			Jacques de Bourbon.		Lionnet de Taize.	It
Guid.					De la Bastide.	Jean de Bellenave (5).
Mar. des log.						Simon de Monnet (6).

COMPAGNIE MARÉCHAL DE GIÉ

Clair. 241, 607, 615, 635.
Fr. 25783, 32, 37.
Nouv. acq. fr. 8616, 3.
Fr. 21506, 746.

4 août 1501	28 nov. 1501	28 août 1504	10 mars 1506	28 nov. 1506	15 juillet 1509	8 juin 1515
Cap. Maréchal de Gié (1).	It.	It.	It.	It.	It.	It.
Lieut.			Louis de Monteil.	De Conti.	It.	Jean de Bonneval, sieur du Thil (2).

COMPAGNIE ROSTAING

Nouv. acq. fr. 8625, 65 — 8627, 32 — 8629, 38 — 8630, 62, 122.
Clair. 260, 1643 — 262, 1789 — 272, 3631 — 277, 5057.
Fr. 21530, 1986 — 21533, 2104.

24 janvier 1561	20 mai 1564	19 nov. 1566	25 avril 1568	6 novembre 1569	18 juill. 1571	27 mai 1573	19 janvier 1574	20 juin 1574	14 déc. 1574	19 juin 1578
Cap. Tristan de Rostaing (1).	lt.	lt.	lt.	lt.	lt.	lt.	lt.	lt.	lt.	lt.
Lieut. Louis d'Ancienville, baron de Révillon (2).	lt.	lt.	lt.	François de Chantelou, sieur de Lihus (3).	lt.	Tristan de Rostaing, vicomte de la Guerche (4).	lt.	lt.	lt.	lt.
Ens. Charles de Jamyn, sieur du Mesnil (5).	lt.	lt.	lt.	Pierre de Rostaing, sieur de Veauchette (6).	lt.	lt.	Thibaul de Saint-Blimont sieur de Sailly (7).	lt.	lt.	lt.
Guid. François de Maricourt (8).	lt	lt.	Jean de Fontaine, sieur de Dennequin.	lt.	lt.	lt.	Christophe de Cabléze, sieur de Vellay.	lt.	lt.	lt.
Mar. des log. Lancelot de Nuysement.	lt.	lt.		Thibaul de Saint-Blimont sieur de Sailly (7).	lt.	lt.	François de Pisseloup, sieur de Simonneau.	lt.	lt.	lt.

COMPAGNIE PHILIPPE DE RONCHEROLLES-HEUGUEVILLE

Clair. 264, 1941.

20 novembre 1567

Cap. Philippe de Roncherolles, sieur de Heugueville (1).
Lieut. Anne du Sart, vicomte de Thury (2).
Ens. Georges de Fors, sieur de Quitry (3).
Guid. Jean d'Escajeul, sieur de la Bretonnière (4).
Mar. des log. Thomas Lebas, sieur de la Lande (5).

COMPAGNIE RONCHEROLLES-SAINT-PIERRE

Nouv. acq. fr. 8633, 158.

1er septembre 1585

Cap. De Heugueville, baron de Saint-Pierre (1).
Lieut. Geoffroy de Dammerval (2).
Ens. Jean de Torcy, sieur de la Motte et Barrocourt (3).
Guid. Claude de la Rivière, sieur d'Argoulles (4).
Mar. des log. Claude de Buigny, sieur de Cornehotte (5).

COMPAGNIE CHAVIGNY

Nouv. acq. fr. 8630, 2.
Fr. 21528, 1861.
Fr. 25805, 187.
Clair. 260, 1691 — 270, 3195.

12 décembre 1564	31 oct. 1567	31 octobre 1571	29 avril 1572	28 septembre 1572
Cap. François Le Roy, sieur de Chavigny (1).	It.	It.	It.	It.
Lieut. Mathurin de Rougé, sieur des Rues (2).		It.	It.	Jacques de Rouville (3).
Ens. Antoine de Beauxoncles (4).		Louis de Montecler, sieur de Courcelles (5).	It.	It.
Guid. René de Montecler (6).		Jean de Villiers, sieur de la Graftinière (7).	It.	It.
Mar. des log. Urbain de Boisse (8).		Edmond de Sathenat, sieur du Mont (9).	It.	It.

COMPAGNIE LANDREAU

Clair. 277, 4809.

15 octobre 1577

Cap. De Landreau (1).
Lieut. Gilles de la Haye, sieur de la Clochetière (2).
Ens. Robert Robin, sieur de la Tremblaye (3).
Guid. Louis Duboys.
Mar. des log. Adrien Chambert (4).

COMPAGNIE DE SAINT-LARY-BELLEGARDE

Nouv. acq. fr. 8629, 16, 70 — 8630, 1.
Clair. 265, 2275 — 274, 4131.
Fr. 21535, 2155.
Fr. 25803, 275.

12 novembre 1568	4 mars 1569	20 novembre 1571	8 mai 1572	20 sept. 1572	16 juillet 1571	28 septembre 1575
Cap. Roger de Saint-Lary, sieur de Bellegarde (1).	It.	It.	It.	It.	It.	It.
Lieut. François de Tersac, sieur de Montberault (2).	It.	It.	It.	It.	It.	It.
Ens.	François de Polastron, sieur du Mont (3).	François de Mons (4).	It.	It.	It.	It.
Guid. François de Mons (4).	It.	François de Mauléon, s^r de Castelnau d'Urban (5).	It.	It.	Mathieu de Giscarot (6).	It.
Mar. des log. Guiraud de Nestat (Nestier) (7).	It.	François de Malaussène (8).	It.	It.	It.	Jacques de Castebajac, sieur de Lisos (9).

COMPAGNIE GUY DE SAINT-GELAIS-LANSAC

Nouv. acq. fr. 8629, 24.

14 mars 157...

Cap. Guy de Saint-Gelais, sieur de Lansac (1).
Lieut. Jacques de Moval, sieur de Saint-Ligier.
Ens. Gille de Donville (2).
Guid. François du Bois (3).
Mar. des log. Claude de Ballo...

COMPAGNIE PIERRE DE SAINT-LARY-BELLEGARDE

Nouv. acq. fr. 8627, 64.
Clair. 268, 2745.

28 décembre 1568	30 septembre 1569
Cap. Pierre de Saint-Lary, sieur de Bellegarde (1).	It.
Lieut. Jean de Bellegarde, sieur de Montestruc (2).	It.
Ens. Philippe Bardachin (3).	It.
Guid. Bérault de Saint-Aubin.	It.
Mar. des log. Arnault de la Barthe (4).	It.

COMPAGNIE SAINT-PREST

Clair. 240, 553.

22 janvier 1502

Cap. De Saint-Prest (1).
Lieut. Jean de la Mothe.

COMPAGNIE SAINT-PRIEST-EPINAC

Clair. 251, 1315 — 257, 1485, 1489.
Nouv. acq. fr. 8623, 3.
Fr. 25795, 112, 133.
Fr. 21519, 1405 — 21520, 1467, 1490.

13 septembre 1544	29 oct. 1545	25 juil. 1550	22 oct. 1550	25 janv. 1551	22 oct. 1551	27 avril 1553	26 juil. 1554	24 oct. 1554
Cap. Pierre d'Epinac (1).	It	It.	It.	It.	It.	It.	It.	It.
Lieut. Louis de Pontailler (2).	It.	It.	It.	It.	It.	It.	It.	It.
Ens. Julien de Condé (3).	It.	It.	It.	It.	It.	It.	It.	It.
Guid. Antoine de Saint-Chamond (4).	It.	It.	It.	It.	It.	It.	It.	It.
Mar. des log. Jean de Chasteigner	It.	It.	It.	It.	It.	Jean de la Condamine (5).	It.	It.

COMPAGNIE MARQUIS DE NESLE

Clair. 264, 1959 — 268, 2361.

9 décembre 1567	22 avril 1569
Cap. Louis de Sainte-Maure, marquis de Nesle (1).	It.
Lieut. Jean du Chesnay, sieur de Neufvy sur Loire (2).	It.
Ens.	Pierre de Blanchefort, sieur de Chastel du Bois (3).
Guid. Esme de Bar, sieur de Billeron (4).	It.
Mar. des log. Pierre de Blanchefort, sieur de Chastel du Bois (3).	Jean de Courguilleray, sieur de la Boullenerie (5).

COMPAGNIE SALAZAR

Fr. 21508, 859.
Clair. 211, 631.

15 juin 1509	15 mars 1513
Cap. de Salazar, sieur de Las (1).	It.
Lieut.	De Saint-Aubin.

COMPAGNIE MARQUIS DE SALUCES

Clair. 240, 571 — 246, 891 — 252, 1205.
Nouv. acq. fr. 8617, 18 — 8620, 4.
Fr. 25788, 164.
Fr. 21510, 943 — 21512, 1012, 1040, 1071 — 21513, 1080, 1121 — 21514, 1198 — 21516, 1272,
1281 — 21517, 1327.

5 août 1503	7 févr. 1518	3 févr. 1521	13 févr. 1521	26 sept. 1522	30 sept. 1522	10 oct. 1523	29 mai 1525	11 févr. 1526	5 nov. 1528	1531	1532	3 décembre 1535	31 mai 1536	20 juillet 1536
Cap. Marquis de Saluces (1).	lt.	lt.	lt.	lt.	lt.	lt.	lt.	lt.	lt.	lt.	lt.	lt.	lt.	lt.
Lieut. Imbault de Rivoire (2).										Louis de Laige (3).		lt.	lt.	lt.
Ens.										François de Cardey (4).		Philippe de la Villate (...).	lt.	lt.
Guid.										Jacques de Saint-Julien.		Francesco Bernardino Vimercati.	lt.	Jean de la Salle (6).
Mar. des log.														

COMPAGNIE PRINCE DE SALERNE

Clair. 258, 1529.
Fr. 21523, 1620.

3 novembre 1555	30 avril 1556
Cap. Prince de Salerne (1).	It.
Lieut.	Jean d'Escars, sieur de la Vauguyon (2).
Ens. Charles d'Arzac (3).	Jean de Saint-Hérem (4).
Guid.	Ferrand de Pagano (5).
Mar. des log.	Horace de Vicarii (6).

COMPAGNIE SOMMA

Clair. 260, 1647.

20 février 1564

Cap. Duc de Somma (1).
Lieut. Jean Galleano (2).
Ens. Pierre-Paul Tosinghi (3).
Guid. Americ Ferrier (4).
Mar. des log. Omer Caux.

COMPAGNIE GALEAZZO DE SANSEVERINO

Clair. 241, 627, 637 — 244, 787.
Fr. 21507, 808 — 21509, 885, 913 — 21512, 1060.

26 mai 1509	15 juillet 1509	28 déc. 1509	3 nov. 1513	31 mai 1515	20 août 1517	9 juillet 1523
Cap. Galeazzo de Sanseverino (1).	It.	It.	It.	It.	It.	It.
Lieut. Julio de Sanseverino (2).		It.		It.		

COMPAGNIE MARQUIS DE VALENZA

Clair. 103, 94.

26 mars 1525

Cap. Le marquis de Valenza, frère de feu M. de Saint-Severin (1).

COMPAGNIE COMTE DE BRAYNE

Clair. 245, 861 — 246, 911.

20 novembre 1521	14 juin 1523
Cap. Comte de Brayne (1).	It.
Lieut. Louis, bâtard de Roussy (2).	

COMPAGNIE COMTE DE GAIAZZO

Fr. 21505, 684, 688 — 21506, 695.
Nouv. acq. fr. 8613, 4.

19 novembre 1500	26 février 1501	14 mai 1501	17 janvier 1502
Cap. Comte de Gaiazzo (1).	It.	It.	It.
Lieut. Guillaume de Loire (2).	De Grigny (2).		It.

COMPAGNIE TAVANNES-LUGNY

Clair. 274, 4075 — 275, 4233.
Fr. 21538, 2278.
Fr. 25810, 361.

12 juillet 1574	30 janvier 1575	5 juillet 1578	15 septembre 1581
Cap. Jean de Saulx-Tavannes, vicomte de Lugny (1).	It.	It.	It.
Lieut. Philibert de Monconys (2).	It.	Gabriel le Groing, sieur de Villebouche (3).	It.
Ens. Jean de Fussey, sieur de Savigny (4).	Simon de Chaugy (5).	Joachim de la Baume, sieur d'Estaix (6).	It.
Guid. Louis de Villars (7).	Joachim de la Baume, sieur d'Estaix (6).	Jean de Nettancourt, sieur de Vaubecourt (8).	Pierre de Saulx, sieur de Ventoux (9).
Mar. des log. Simon de Chaugy (5).	Antoine le Groing, sieur de la Pouvrière (10).	It.	It.

COMPAGNIE GUILLAUME DE SAULX-TAVANNES

Nouv. acq. fr. 8629, 14.
Clair. 273, 3899.
Fr. 21536, 2187 — 21537, 2236.

26 décembre 1570	25 janvier 1574	17 mars 1576	16 sept. 1578
Cap. Guillaume de Saulx-Tavannes (1).	It.	It.	It.
Lieut. Claude de Dyo, sieur de Montperroux (2).	It.	Jacques de Myolans, sieur de Chevrières (3).	It.
Ens. Guillaume de Drié, sieur de Gissay (4).	It.	Philippe d'Anglure, sieur de Guyonvelle (5).	It.
Guid. Jean de Beauvoisin (6).	It.	Robert de Digoine (7).	It.
Mar. des log. Alexandre de Halwin, sieur de Rocheguin (8).	Robert de Digoine (7).	Charles de la Bouthière (9).	It.

COMPAGNIE MARÉCHAL DE TAVANNES

Nouv. acq. fr. 8625, 16.
Clair. 255, 1369 — 262, 1739 — 266, 2277 — 267, 2539 — 272, 3651.
Fr. 21521, 1510 — 21522, 1560 — 21524, 1659 — 21526, 1791, 1815 — 21528, 1881 — 21531, 2002 — 21532, 2049, 2061.
Fr. 25793, 557 — 25794, 446 — 25800, 31.

1545	29 août 1549	28 avril 1553	25 avril 1554	28 avril 1555	31 janvier 1556	28 octobre 1561	22 nov. 1564	11 juin 1565
Cap. Gaspard de Saulx, sr de Tavannes (1).	It.	It.	It.	It.	It.	It.	It.	It.
François, viconte de la Rivière (2).	It.	It.	It.	François de Bourzolles (3).	It.	It.	Claude de Saulx, sr de Ventoux (4).	It.
	François de Bourzolles (3).	It.	It.	Louis de Bourzolles.	Aimar de Seissel, sr de Bourdeaux (8).	Philippe de Trotedent (9).	It.	It.
	Octavien de Moncetay (13).	It.	Germain de Moncetay.	Aimar de Seissel, sr de Bourdeaux (8).	Philippe de Trotedent (9).	Claude de Saulx, sr de Ventoux (4).	François Audier, sieur de Védignat.	It.
	Joachim Thomassin, sr de Beauregard (19).	It.	It.	It.	It.	François Audier, sieur de Védignat.	Jean de Beauvoisin.	It.

1545	27 mai 1566	5 juin 1567	16 janvier 1569	1569	28 mai 1569	8 mars 1571	26 avril 1572	3 mai 1572	8 avril 1573
Cap. Gaspard de Saulx, sr de Tavannes (1).	It.	It.	It.	It.	It.	It.	It.	It.	It.
François, viconte de la Rivière (2).	It.	It.				Philibert de Moalrougs (5).	It.	Claude de Dyo, sr de Montperroux (6).	Philibert de Montcunys (5).
	It.	It.	Joachim de Malain, baron de Lux (10).	It.	Jean de Fussey, sr de Savigny (11).	It.	It.	Guillaume de Drée, sr de Gissey (12).	Joachim de Malain (10).
	It.	It.		Jean Audier, sieur de Védignac (16).	Louis de Villiers (17).	It.	It.	Jean de Beauvoisin.	Jean Audier, sieur de Védignac (16).
	It.	It.		It.	Simon de Changy, sr de Cusy (20).	It.	It.	Alexandre de Hallwin, sieur de Rochegui (21).	Jean de Beauvoisin (18).

COMPAGNIE DU PRINCE DE PIÉMONT

Fr. 21530, 1976, 1983 — 21534, 2133 — 21537, 2254.

Clair. 261, 1739 — 262, 1821 — 268, 2737 — 272, 3523 — 277, 1825.

Nouv. acq. fr. 8626, 10 — 8631, 24 — 8632, 86.

6 juin 1565	4 juill. 1566	13 juill. 1567	6 août 1569	17 septembre 1569	6 nov. 1569	13 novembre 1572	27 août 1574	15 avril 1575	22 juill. 1577	30 oct. 1577	26 octobre 1579
Cap. Le prince de Piémont (1).	It.	It.	It.	It.	It.	It.	It.	It.	It.	It.	It.
Lieut. Ubertin de Solier, comte de Morette (2).	It.	It.		It.	It.	César de Birague (3).	It.	It.	It.	It.	It.
Ens. César de Birague, commandeur de Malte (3).	It.	It.		It.	It.	Fozéres d'Escaluynes (4).	Nicolas Henry, Cte d'Altessan (5).	It.	It.	It.	Philibert de Savoie (6).
Guid. Fozéres d'Escaluynes (4).	It.		Gaspard de Busca, sieur de Neriglie.	Alessandro Porporati (8).	It.	Nicolas Henry, Cte d'Altessan (5).	Manfred Solero, sr d'Ozasco (9).	It.	It.	It.	
Mar. des log. Balthazar Pagano.	It.	It.	It.	Jacques de Carondelet (11).	It.	It.	Hector Gastaldo de Pérouse (12).	It.	It.	It.	It.

COMPAGNIE DUC DE SAVOIE

Nouv. acq. fr. 8626, 5.
Clair. 261, 1735 — 262, 1807 — 266, 2429 — 268, 2713 — 272, 3547 — 134, 73.
Fr. 21526, 1815 — 21528, 1885, 1895 — 21529, 1948 — 21533, 2080 — 21534, 2108.
Fr. 25800. 36.

Fin 156?	5 juin 1565	30 mai 1566	25 sept. 1566	4 juin 1567	25 janv. 1569	15 avril 1569	30 avril 1569	29 août 1569	20-24 oct. 1570	28 novembre 1572	14 févr. 1574	1er févr. 1578
Cap. Duc de Savoie (1).	It.	It.	It.	It.	It.	It.	It.	It.	It.	It.	It.	It.
Lieut.	Jean, marquis de la Chambre (2).	It.		It.	It.	It.	It.	It.	It.	It.	It.	It.
Ens.	Philibert de la Forest (3).	It.		It.		Bertrand d'Albon, sieur de St-Forgeux (4).	It.	It.	It.	It.	It.	It.
Guid.	Bertrand d'Albon, sr de Saint-Forgeux (4).	It.		It.		Georges de Feillens (5).	Claude de la Chambre, baron de Buffey (6).	It.	It.	It.	It.	It.
Mar. des log.	Georges de Feillens (5).	It.		It.			Louis de Buttet.	It.	It.	Anne de Gerbais, sieur de Sonas.	It.	It.

COMPAGNIE GALLOIS DE SAVIGNAC

Clair. 248, 999.

Vers 1525

Cap. Gallois de Savignac (1).

COMPAGNIE SAULX-VENTOUX

Nouv. acq. fr. 8628.
Clair. 265, 2207.

2 décembre 1568	14 mai 1569
Cap. Claude de Saulx, sieur de Ventoux (1).	It.
Lieut. Antoine de Semur, sieur de Trémont (2).	It.
Ens. Simon de Saulx, sieur de Saint-Thibault (3).	It.
Guid. Jean de Damas, sieur de Saint-Rirand (4).	It.
Mar. des log. Guy de Saint-Julien, sieur de Balleure (5).	It.

COMPAGNIE RENÉ DE SAVOIE

Clair. 242, 705 — 243, 725 — 247, 957 — 248, 979.
Nouv. acq. fr. 8616, 27 — 8617, 6, 10, 21.
Fr. 21509, 903, 905, 906 — 21511, 1034, 1038 — 21512, 1074.

21 mai 1515	3 sept. 1515	28 mars 1516	4 juill. 1516	26 juill. 1519	20 janv. 1521	1er sept. 1521	30 avril 1522	17 août 1522	30 août 1522	10 nov. 1523	26 septembre 1524	26 nov. 1525
Cap. René de Savoie (1).	It.	It.	It.	It.	It.	It.	It.	It.	It.	It.	It.	It.
Lieut. Charles, bâtard d'Alençon (2).	It.										René d'Anglure (3).	Marry.

COMPAGNIE PRINCE DE GENEVOIS

Clair. 269, 2985, — 279, 5569.
Fr. 21530, 1952 — 21531, 2030 — 21536, 2201.

19 mai 1569	31 juillet 1570	11 mars 1572	26 juillet 1576	12 octobre 1581
Cap. Prince de Genevois (.).	It.	It.	It.	It.
Lieut. Frédéric d'Ornesan, sieur d'Auradé (2).	It..	Benedetto Balantano (3).	Balthazar de Combourcier (4).	It.
Ens.	Michel de Pontault (5).	It.	Pierre de Pontault.	It.
Guid. Pierre de Lambès (7).	Vital de Fressinet (8).	It.	Jean de Rochefort.	It.
Mar. des log. Antoine de Saint-Agnet (10).	It.	It.	Claude de Saviguac, remplacé par François du Boutet, sieur de Sansy (12).	Laurent Pascal (13).

Nouv. acq. fr. 8625, 35 — 8632, 112.

Fr. 25790, 471.

Clair. 266, 2369 — 267, 2497 — 272, 3503 — 273, 3879 — 279, 5553.

Fr. 21523, 1624 — 21527, 1840 — 21528, 1876 — 21531, 2021 — 21531, 2135 — 21535, 2159.

26 décembre 1555	25 juillet 1556	29 mai 1566	8 juin 1567	17 avril 1568	2 janv. 1569	22 avril 1569	21 janvier 1572	12 nov. 1572	23 janv. 1573	29 sept. 1574	13 oct. 1575	27 septembre 1577	24 septembre 1581
Cap. Jacques de Savoie, duc de Nemours (1).	Id.	Id.	Id.	Id.	Id.	Id.	Id.	Id.	Id.	Id.	Id.	Id.	Id.
Lieut. Antoine de Pardaillan (2).	François de Navailles (3).	François de Mandelot, sieur de Passy (4).		It.	It.		Antoine de Lestang (5).	It.	It.	It.	It.	It.	It.
Ens. François de Mandelot, sieur de Passy (4).	It.	Philibert de Voyer (6).	Benedetto Balantano (7).	It.	It.		Balthazar de Confansier, sr de Monestier (8).	It.	It.	It.	It.	Vital de Fressinet (9).	It.
Guid.	Louis de Bueil (10).	Benedetto Balantano (7).	Thomas de Gadaigne, sr de Beauregard (11).	It.	It.		Renaud de Badet (12).	It.	It.	It.	It.	It.	Louis de Bressieu, sieur de Beaucroissant (13).
Mar. des log.	Gaspard de Montpezat (14).	Renaud de Badet (12).	It.	It.	It.		Guy de la Landelle (15).	It.	It.	It.	It.	It.	

COMPAGNIE DE TENDE-SOMMARIVA

Nouv. acq. fr. 8621, 19 — 8623, 31 — 8624, 1, 2, 36, 45 — 8625, 1.

Clair. 250, 1111 — 251, 1159 — 257, 1495 — 259, 1595 — 260, 1641 — 261, 1759 — 267, 2527.

Fr. 25789, 291 — 25800, 32.

Fr. 21517, 1338 — 21520, 1364 — 21521, 1544 — 21524, 1677, 1685, 1692, 1708, 1709, 1712 — 21525, 1720, 1725, 1735, 1749, 1755, 1763 — 21526, 1771, 1812 — 21532, 2034.

6 sept. 1529	10 nov. 1530	16 nov. 1530	11 fév. 1537	19 oct. 1548	1 août 1550	6 mai 1553	26 nov. 1554 23 août 1554	12 nov. 1556
Cap. Claude de Savoie, Comte de Tende (1).	It.	It.	It.	It.	It.	It.	It.	It.
Lieut. Gabriel de Saint-Remy.	Jacques de Beaumaitre (4).	It.	Germain d'Eurre (5).	Pierre de Thaurines (6).	It.	Paul de Moutdrigon (7).	It.	It.
Ens.	Pierre de Taurines (6).		Jacques de Beaumaitre (4).	Thomas de St-Félix (8).	Antoine d'Oraison (9).		It.	It.
Guid.	Jacques de Brazart.		Pierre de Thaurines (6).	Paul de Montdragon (7).	It.	Claude Gruel (13).	It.	It.
Mar. des logis.			Jean de Beauveau.	Jacques de la Bonnerie (20).	It.	It.	It.	It.

6 sept. 1529	30 avril 1557	14 août 1557	30 nov. 1557	11 février 1558	20 janvier 1559	1 août 1559	18 janvier 1560	13 mai 1560	13 déc. 1560 15 déc. 1560
Cap.	It.	It.	It.	It.	It.	It.	It.	It.	It.
Lieut.	It.	It.	It.	It.	It.	It.	It.	It.	It.
Ens.	It.	It.	It.	Louis d'Eurre (19).	It.	It.	It.	It.	It.
Guid.	Louis d'Eurre (10).	It.	It.	Claude Gruel.	Gouva de Taurines (14).	It.	It.	It.	It.
Mar. des logis.	Louis d'Eurre (10).	It.	It.	Jacques de la Bonnerie (20).	It.	It.	It.	It.	It.

6 sept. 1529	11 avril 1561	13 août 1561	1er novembre 1561	10 mars 1562	15 déc. 1562 20 déc. 1562 15 août 1563 1 août 1563 ?? févr. 1564 31 oct. 1565	18 juin 1566	13 avril 1569	28 mai 1569	17 avril 1572
Cap.	It.	It.	It.	It.	It.	Honorat de Savoie, comte de Sommariva (2).	It.	It.	It.
Lieut.	It.	It.	It.	It.	It.	It.	It.	It.	It.
Ens.	It.	It.	It.	It.	It.	Jacques de la Vérune (11).	It.	It.	It.
Guid.	It.	It.	It.	Simon de Taurines (3).	It.	Jacques d'Urfé (16).	Claude d'Urfé, sr d'Entragues (17).		Siro as du Feloux (18).
Mar. des logis.	Jacques de Lavières (21).	Jacques de la Bonnerie (20).	Jacques de Lavières (21).	Jacques de la Bonnerie (20).	It.	Honorat Admiral (22).	It.	It.	It.

COMPAGNIE AMIRAL VILLARS

Nouv. acq. fr. 8624, 38, 41 — 8626, 9.

Clair. 261, 1721 — 262, 1809 — 270, 3055.

Fr. 21522, 1582 — 21523, 1622 — 21528, 1881 — 21532, 2070 — 21536, 2210.

Fr. 25795, 162 — 25801, 100.

25 avril 1552	11 août 1554	10 nov. 1555	23 juillet 1560	6 novembre 1560	25 nov. 1561	2 juin 1565	31 mai 1566	9 juin 1567	21 janv 1569	6 janvier 1572	5 septembre 1572	1er mai 1577
Cap. Honorat de Savoie, marquis de Villars (1).	It.	It.	It.	It.	It.	It.	It.	It.	It.	It.	It.	It.
Lieut. Esme de Prie (2).			It.	It.	It.	It.	It.	It.	It.	Jean de Guévant (3).	Jean de Vesins (4).	It.
Ens. Antoine de Roquefeuil (5).			Jean de Guévant (3).	It.	It.	It.	It.	It.		Jean de Vesins (4).	Charles de Changy, sr de Chissé (6).	It.
Guid.			Gabriel d'Authon (7).	It.	It.	Louis de St-Aubin (8), remplacé par Jean de Vesins (4).	It.	It.		Charles de Changy, sieur de Chissé (6).	Charles d'Argy, sieur de Pons (9).	It.
Mar. des log. Gabriel d'Authon (7).			Gilbert de Montgangier.	Jean de Vesins (4)	It.	Louis de Saint-Aubin (8).	It.			Jean de Mussart, sieur de la Mothe (10).	It.	It.

COMPAGNIE MARÉCHAL DE VIEILLEVILLE

Nouv. acq. fr. 8625, 1 — 8628, 41,
Clair. 359, 1579, 1619 — 260, 1651 — 261, 2070 — 135, 2159.
Fr. 21522, 1586 — 21524, 1707 — 21535, 1729, 1733, 1742 — 21526, 1767 — 21527, 1811.

29 octobre 1554	7 décembre 1558	17 janvier 1560	15 novembre 1560	20 mars 1561	26 janv. 1562	25 févr. 1562	24 mai 1562	10 mars 1563	25 janvier 1564	10 juin 1567	3 mai 1568	26 septembre 1569	30 août 1570
Cap. François de Scépeaux, sieur de Vieilleville (1).	It.	It.	It.	It.	It.	It.	It.	It.	It.	It.	It.	It.	It.
Lieut. Jean d'Estournel (2).	François de Senecterre (3)	It.	It.	It.	It.	It.	It.		Jean de Thevalle (4).	It.		Jean d'Epinay (5).	It.
Ens. Yves d'Orvaux (6).	Jean de Thevalle (4).	It.	It.	It.	It.	It.	It.	It.	Antoine du Mons (du Mont) (7).	It.	It.	It.	It.
Guid.	Colin de Thevalle		Antoine du Mont (7).	It.	It.	It.	It.	It.	Christophe Le Saige, sieur de Fontenay (9).	It.	It.	Claude de Segré, sieur d'Espinay (10).	It.
Mar. des log. André de Villiers (11).	Antoine de Mons (7).	François de Brion (12).	It.		It.	It.	It.	It.	It.	It.	It.	It.	Guillaume de la Volle, sieur de la Congue (13).

COMPAGNIE GRAND PRIEUR DE CHAMPAGNE

Nouv. acq. fr. 8630, 112.

Clair. 271, 3373 — 275, 4443.

Fr. 21531, 2013 — 21532, 2058 — 21533, 2089 — 21534, 2126 — 21535, 2179.

Fr. 25802, 242.

26 avril 1568	6 novembre 1569	30 avril 1572	24 août 1573	23 janvier 1574	12 juillet 1574	29 septembre 1574	18 nov. 1575	Dernier février 1576
Cap. Le Chevalier de Seurre, gouverneur de Champagne (1).	Id.	Id.	Id.	Id.	Id.	Id.	Id.	Id.
Lieut. Jean du Fresnoy (2).		Gilles du Fresnoy, sr du Plessis (3).	Id.	Id.	Id.	Antoine de Nicey, sr de Romilly (4).	Id.	Id.
Ens. Louis de Feulx, sieur de Bazoches.	Jean de Fresnoy (2).	Jean de Patay, sr de Cléreau (6).	Id.	Id.	Roger de Feux, sieur des Essars.	Louis de Feurs, sieur des Essars.	Id.	Louis de Seurre, sieur des Goretz.
Guid.	Louis de Feulx, sr des Essars (8).	Id.	Id.	Barnabé de Gellant, sr de Thenissey (10).	Pierre de Menchy, sr de Grisy (11).	Id.	Id.	
Mar. des log. Germain de Surgères (12).	Id.			Id.	Id.	Id.	Id.	Nicolas de Seurre, sieur des Goretz.

COMPAGNIE SENECTERRE

Nouv. acq. fr. 86 .9, 1.
Clair. 265, 2217.

30 décembre 1568	6 mai 1570
Cap. François de Senecterre (1).	lt.
Lieut. Charles de Rabeau, sieur de Beauregard (2).	Gaspard d'Apchier (4).
Ens. Jacques de Rochedragon, sieur du Merle (3).	
Guid. Gaspard de Villars (5).	Claude de Beaune (6).
Mar. des log. Jean de la Garde (7).	lt.

COMPAGNIE SILLY-LAROCHEGUYON

Clair. 276, 4709.
Fr. 21536, 2185.

11 mars 1576	2 juillet 1577
Cap. de la Rocheguyon (1).	lt.
Lieut. Guillaume du Perroy, sieur de Lay (2).	lt.
Ens. Jean de Montenay (3).	
Guid. Jean de Mornay, sieur de Dammerville (4).	
Mar. des log. Louis de Venois, sieur de Rély ,5.	Robert Hennequin, sieur de Grenneville (6).

COMPAGNIE GORDES

Nouv. acq. fr. 8627, 63.
Clair. 269, 2975 — 274, 3979 — 131, 108.
Fr. 21529, 1911 — 21532, 2060 — 21533, 2097.
Fr. 25801, 138.

5 juin 1566	18 juin 1568	19 juin 1568	28 mai 1570	28 avril 1571	3 mai 1572	19 décembre 1573	24 mai 1574
Cap. Bertrand-Raimbaud de Simiane, sieur de Gordes (1).	It.	It.	It.	It.	It.	It.	It.
Lieut. Antoine de Lestang (2).	It.	It.	It.	Aubert du Rousset (3), nommé le 30 septembre 1750.	It.	It.	It.
Ens. Jean de Dorgeoise (Durgèse), sieur de la Thivelière (4).	It.	It.	It.	It.	It.	Aymar de Chaste, sr de la Bretonnière (5).	It.
Guid. Aubert du Rousset (3).	It.	It.	It.	Guy de Size (6), nommé le 1er avril 1570, mort le 5 juill. 1570, puis Aymar-François de Meuillon-Bressieu, nommé le 12 août 1570 (7).	It.	It.	It.
Mar. des log. Antoine de Solignac, sieur de Veaulne (8).	It.	It.	It.	It.	It.	It.	It.

COMPAGNIE JACQUES DE SILLY

Clair. 240, 561, 575.
Nouv. acq. fr. 8613, 7.
Fr. 21506, 694.

11 décembre 1500	17 déc. 1501	5 mars 1503	23 février 1504
Cap. Jacques de Silly, bailli de Caen (1).	It.	It.	It.
Lieut.			Guillaume de Maulny (2).

COMPAGNIE SILLY-ROCHEFORT

Nouv. acq. fr. 8627.
Clair. 264, 1957 — 267, 2957 — 268, 2770.

29 novembre 1567	26 mars 1569	29 mai 1569	6 novembre 1569
Cap. Jacques de Silly, sieur de Rochefort (1).	It.	It.	It.
Lieut.		Louis de la Fontaine, sieur de Lesches (2).	It.
Ens.		Olivier de Gouines, sieur de Tortespet (3).	It.
Guid. Henri de Silly, sieur de la Rocheguyon (4).		It.	It.
Mar. des log. Jacques de Saugrin (Ducangrin).	It.	André Dachy.	Jacques Stuart.

COMPAGNIE STROZZI

Clair. 258, 1515.
Fr. 25799, 553.

7 août 1557	23 mai 1558
Cap. Pierre Strozzi (1).	It.
Lieut. Jean d'Epinac (2).	Georges de Clermont.
Ens. François de Villeneuve (3).	It.
Guid. Paul de Saint-Gelais.	Charles du Bec (4).
Mar. des log. Jean de la Condamine (5).	

COMPAGNIE STUART D'ASSON

Fr. 21505, 665, 680.

10 mai 1500	17 février 1501
Cap. Guillaume Stuart, sieur d'Asson (1).	It.
Lieut. René Stuart.	

COMPAGNIE STUART D'AUBIGNY

Nouv. acq. fr. 8623, 11.
Fr. 21520, 1475 — 21521, 1527 — 21522, 1579 — 21523, 1608 — 21530, 1953.
Fr. 25800, 1.

26 avril 1551	12 mai 1552	6 mai 1551	8 août 1554	23 août 1555	29 mai 1559	20 juillet 1560
Cap. Stuart d'Aubigny (1).	It.	It.	It.	It.	It.	It.
Lieut. Jacques de Chattes (2).	It.	Charles de la Grange (3).	It.	It.		It.
Ens. Pierre Boucart (4).	It.		Jacques de Thezart (5).	It.		It.
Guid. Gilbert de Veilhan.	It.	Guillaume Stuart (6).	It.	It.		David Mora.
Mar. des log. Hercules Cassart (7).	It.	It.	It.	It.		Claude Gauteron (8).

COMPAGNIE DUC D'ALBANY

Clair. 240, 559 — 212, 667 — 213, 731, 753 — 215, 839 — 216, 883 — 218, 995 — 251, 1139 — 252, 1203.

Fr. 21509, 882, 888, 895 — 21511, 1006, 1015, 1033 — 21514, 1141, 1180 — 21517, 1330.

Nouv. acq. fr. 8617, 17 — 8620, 5.

15 décembre 1502	13 sept. 1512	30 mai 1515	28 août 1515	6 nov. 1515	15 août 1516	21 janvier 1521	21 janv. 1521	12 avril 1521	5 mars 1522	17 juin 1522	1er juin 1523	5 févr. 1527	11 août 1526	5 janv. 1528	8 avril 1530	14 février 1536	15 mai 1536	2 août 1536
Cap. Duc d'Albany (1).	It.	It.	It.	It.	It.	It.	It.	It.	It.	It.	It.	It.	It.	It.	It.	It.	It.	It.
Lieut.					De Saint-Romain (2).	François de la Fayette (2).	It.			It.			De Moriac.		Baron de Curton (3).	It.	It.	It.
Ens.													De Beauregard.			Jacques de Gouzolles.	It.	It.
Guid.																François de Ligondès (4).	It.	It.
Mar. des log.																Louis de Bouchaelt (5).	It.	It.

COMPAGNIE ROBERT STUART DE SAINT-QUENTIN

Fr. 21508, 861, 872 — 21509, 919 — 255'0, 979 — 21511, 1013 — 21515, 1250.
Clair. 241, 625 — 246, 889 — 247, 959 — 101, 174.

13 avril 1508	7 avril 1513	5 juil. 1514	18 déc. 1516	26 juil. 1519	8 février 1521	23 sept. 1522	21 oct. 1524	24 février 1527	14 mars 1530
Cap. Robert Stuart, sieur de St-Quentin (1).	It.	It.	It.	It.	It.	It.	It.		It.
Lieut.					Jacques de Montgommery (2).			Gratien Carr (3).	It.
Ens.								Alexandre Bert (5).	Louis de Montgommery.
Guid.									Thomas Straton (4).

COMPAGNIE LENNOX

Fr. 21516, 1391.

4 juillet 1543

Cap. Comte de Lennox (1).
Lieut. Thomas Straton, sieur de Molins (2).
Ens. René Simple, sieur de la Court (3).
Guid. Jean Braque, sieur du Luat (4).
Mar. des log. Dougan Ferbois.

COMPAGNIE JEAN DE TAIX

Fr. 21519, 1441.

20 mars 1547

Cap. Jean de Taix (1).
Lieut. Louis Brossin, sieur de Méré (2).
Ens. Jacques de Champeaulx (3).
Guid. François le Breton.
Mar. des log. Léon de l'Estang (4).

COMPAGNIE THEVALLE

Nouv. acq. fr. 8631, 154.
Clair. 273, 3789 — 274, 4135 — 275, 4037.
Fr. 21532, 2068.

29 août 1572	3 nov. 1573	21 juin 1574	31 octobre 1575	30 déc. 1576
Cap. Jean de Thevalle (1).	It.	It.	It.	It.
Lieut. Baudouin du Bouchet, sieur des Roches (2).	It.	It.	It.	It.
Ens. Robert Vachereau, sieur des Chenais (3).	It.	It.	It.	It.
Guid. Jacques de Dillou, sieur de la Bécherelle (4).	It.	It.	It.	It.
Mar. des log. Jean de Quiry (Quézy), sieur de Triel.	It.	It.	Charles de Cervon, sieur des Arcis (5).	It.

COMPAGNIE FRANCESCO THOREL

Fr. 21510, 957.

22 juillet 1518

Cap. Francesco Thorel.

COMPAGNIE TERLATIN DE TERLATIN

Clair. 241, 659 — 242, 663.
Fr. 21507, 817 — 21508, 823, 853, 854.

16 août 1510	10 janvier 1511	28 mars 1511	4 sept. 1512	5 sept. 1512	29 nov. 1512
Cap. Terlatin de Terlatin (1).	It.	It.	It.	It.	It.
Lieut. Hector de la Mirandole.	It.	It.			

COMPAGNIE BAYART

Clair. 241, 633, 647 — 247, 913.
Fr. 21512, 1078, 1086.

14 juillet 1509	27 févr. 1510	28 oct. 1523	14 sept. 1524	31 mars 1526
Cap. Bayart (1).	It.	It.	It.	De Bussy (2).
Lieut. Guillaume d'Ailly, sieur de Pierrepont (3).	It.			

COMPAGNIE THÉLIGNY

Nouv. acq. fr. 8616, 7, 13.

2 septembre 1515	25 juil. 1516
Cap. Théligny, sénéchal de Rouergue (1).	It.

COMPAGNIE BROSSE-TIERCELIN

Nouv. acq. fr. 8628, 2 — 8632, 66.
Clair. 262, 1795 — 263, 1903 — 269, 2977 — 275, 1403,
Fr. 21532, 3051 — 21533, 3076, 3101.

26 mai 1566	10 juin 1567	22 avril 1569	11 mai 1570	26 avril 1572	5 oct. 1573	8 janv. 1574	24 oct. 1575	16 mars 1576
Cap. Adrien Tiercelin, sieur de Brosse (1).	lt.	lt.	lt.	lt.	lt.	lt.	lt.	lt.
Lieut. Jacques Tiercelin (2).	lt.	Antoine des Essars, sieur de Linières (3).	Jacques de Dampont, sieur de Vus (4).	lt.	lt.	lt.	lt.	lt.
Ens. François de Marsay (5).	lt.	Jacques de Dampont, sieur de Vus (4).		François des Essars, sieur de Meigneux (6).	lt.	lt.	lt.	Louis de Lannoy, sieur de Wagnon (7).
Guid. Claude de la Grezille (8).	lt.		Louis de Camouville, sieur de Criquetot (9).	lt.	lt.	lt.	lt.	lt.
Mar. des log. Christophe de Chezelles (10).	lt.		Charles d'Ollai, sieur de Beaurepaire (11).	lt.	lt.	lt.	lt.	lt.

COMPAGNIE LA ROCHEDUMAYNE

Nouv. acq. fr. 8619, 24 — 8621, 16 — 8622, 21 — 8623, 14, 32.
Fr. 21514, 1165 — 21515, 1201, 1213 — 21516, 1286 — 21517, 1312 — 21518, 1356 — 21521, 1653.
Clair. 249, 1017, 1020 — 250, 1079, 1105 — 252, 1177, 1181, 1221 — 256, 1101 — 257, 1103.
Fr. 25789, 289 — 25791, 405.

31 juillet 1526	9 juill. 1527	24 mars 1528	27 déc. 1528	16 avril 1529	28 juin 1529	18 septembre 1530	12 juillet 1531
Cap. Charles Tiercelin, sʳ de la Rochedumayne (1).	It.	It.	It.	It.	It.	It.	It.
Lieut. Antoine de Vassé (2).	It.	It.				Martin du Bellay (3).	It.
Ens. Martin du Bellay (3).	It.	It.				Jacques de la Chastaigneraye (7).	It.
Guid.							Louis de Brossin, sieur de Méré (10).
Mar. des log.							

31 juillet 1526	2 avril 1532	12 oct. 1532	14 févr. 1534	7 juillet 1537	26 mai 1538	juillet 1543	5 octobre 1548	22 juillet 1551
Cap. Charles Tiercelin, sʳ de la Rochedumayne (1).	It.	It.	It.	It.	It.	It.	It.	It.
Lieut. Antoine de Vassé (2).	It.	It.		It.	Charles de Moures (4).		François d'Appelvoisin (5).	It.
Ens. Martin du Bellay (3).	It.		It.	It.	It.		Jacques de Tais (8).	René de Carquesalle (9).
Guid.	It.		It.	It.	Guy de Marsay (11).		Nicolas de Champagne.	François de Marsay (12).
Mar. des log.				Thomas de Chargé (13).	Jean de Marens.		Jacques Isitard d'Artron.	It.

31 juillet 1526	22 avril 1552	3 août 1553	20 juil. 1554	28 janvier 1556	22 avril 1556
Cap. Charles Tiercelin, sʳ de la Rochedumayne (1).	It.	It.	It.	It.	It.
Lieut. Antoine de Vassé (2).				Charles Tiercelin (6).	It.
Ens. Martin du Bellay (3).	It.	It.	It.	It.	It.
Guid.	It.	It.	It.	It.	It.
Mar. des log.	It.	It.	It.	It.	It.

COMPAGNIE DE LA TOUR-SAINT-VIDAL

Nouv. acq. fr. 8630, 75.
Clair. 276, 4487.

25 août 1571	19 janvier 1576	22 septembre 1577
Cap. Antoine de la Tour, baron de Saint-Vidal (1).	It.	It.
Lieut. Charles de Chatte (2).	François de Verghesac.	François Dodiac.
Ens. François de Chatte, sieur de Vernoux (3).	Claude de Montrond.	Aimar de Chatte (4).
Guid.		François de Chatte (3).
Mar. des log. Pierre la Franchière.	Charles de la Borie (5).	Georges de Soleilhac.

COMPAGNIE TURENNE

Clair. 257, 1491, 268, 2807 — 135, 2078.
Fr. 21528, 1865.
Fr. 25797, 307.

26 janvier 1553	6 novembre 1550	21-29 nov. 1558	6 novembre 1569	10 mars 1575
Cap. François de la Tour, vicomte de Turenne (11).	It.	Henri de la Tour, vicomte de Turenne (2).	It.	It.
Lieut.	Charles Bernier (3).	François de Salvert (4).	It.	Phillippe de Preissat, sr de Gavarret en Gascogne (5).
Ens.	Antoine de Loupiat (6)	Jean du Roftignac (7).	It.	Jean de Gars, sieur de la Boissière en Limousin (8).
Guid.	François de Clermont (9).		Louis d'Aubusson (10).	Robert de Polignac, sieur d'Adiac.
Mar. des log.	Marc de Loupiat (11).	Jean de Brochard.	It.	Maximilien d'Oreille, sieur d'Alleret (12).

COMPAGNIE VICOMTE DE TURENNE

Clair. 246, 915 — 247, 1007 — 249, 1041 — 107, 9, 12, 13.

17 juin 1523	29 juin 1525	10 mars 1526	17 août 1526	12 mars 1527
Cap. Vicomte de Turenne (1).	It.	It.	It.	It.
Lieut. François de la Tour (2).		Aimé de Gimel (3).	It.	It.
Ens.				Jacques de la Roche-Aymon (4).
Guid.		Charles de la Forest.		
Mar. des log.				It.

COMPAGNIE DE LA TOUR-LIMEUIL

Clair. 269, 2927 — 135, 217.
Fr. 25802, 243.

5 mai 1568	29 mai 1569	1er févr. 1571
Cap. Galiot de la Tour, vicomte de Limeuil (1).	It.	It.
Lieut. Hélie de Saint-Chamans, vicomte de Peschier (2).		
Ens. Pierre de Lansac, sieur de Roquetaillade (3).	Louis de Barbançois, sieur de Charon.	It.
Guid. Jean de Badefol (4).	Guillaume d'Oradour, sieur de Mézé.	It.
Mar. des log. Nicolas de Landrodye (5).	It.	It.

COMPAGNIE TOURNEMINE-LA HUNAUDAYE

Nouv. acq. fr. 8633, 26.
Clair. 267, 2511 -- 274, 4191 — 275, 4221 — 135, 2083.

18 avril 1568	26 octobre 1574	22 sept. 1575	2 mars 1576	25 août 1581
Cap. René de Tournemine, sieur de la Hunaudaye (1).	René de Tournemine, sieur de la Hunaudaye (2).	It.	It.	It.
Lieut. Pierre de Québriac, sieur de la Herlaye.	Mathurin de Bompart (2).	It.	It.	It.
Ens. Mathurin de Bompart, sieur de Lornet (3).	Georges Thomas, sieur de la Caulnelaye (3).	It.	It.	It.
Guid. Jean de Chateaubriant.	Charles de Plouer, sieur de Boisrouault (4).	It.	It.	François Lefesle, sieur Guébriant (5).
Mar. des log. Julien Giguet, sieur de la Perchaie.	Pierre Tellon, sieur de Margat (6).	It.	It.	Alain de la Haye, sieur de Doucelin (7).

COMPAGNIE TOURNON

Nouv. acq. fr. 8633, 170.

17 février 1586

Cap. M. de Tournon (1).
Lieut. Jean de Girard, sieur de Saint-Paul (2).
Ens. Claude de Latier, sieur de Charpey (3).
Guid. Laurent de Ravel, sieur de Chasselay.
Mar. des log. Nicolas de Vèze, sieur de Saint-Thomé.

COMPAGNIE TOURNON

Fr. 21509, 928 — 21511, 1017, 1030.
Nouv. acq. fr. 8616, 4, 14, 24, 31 — 8618, 22.
Clair. 243, 743, 777 — 247, 935, 969.
Fr. 25786, 65.

1er février 1516	4 août 1516	14 juin 1517	27 juin 1518	14 févr. 1519	15 févr. 1520	15 janv. 1521	17 juill. 1521	20 févr. 1522	27 septembre 1523	5 avril 1524	17 août 1526
Cap. M. de Tournon (1).	It.	It.	It.	It.	It.	It.	It.	It.	It.	It.	Antoine de Tournon (2).
Lieut.	Alain Rigault ou Regnault.								Antoine de Tournon (2). It.		

COMPAGNIE DE TOURNON-ROUSSILLON

Nouv. acq. fr. 8626, 26.
Clair. 260, 1689.
Fr. 21526, 1836.
Fr. 25801, 122.

10 décembre 1564	18 juin 1565	6 juin 1567	22 nov. 1567
M. de Tournon, sieur de Roussillon (1).	It.	It.	It.
Lieut. François de la Barge (2).	It.	It.	•
Ens. Fleury de Boulieu (3).	It.	It.	
Guid. Louis de Courseulles, sieur de Saint-Remy (4).	It.	It.	It.
Mar. des log. Charles de Gourdon (5).	It.	It.	

COMPAGNIE LOUIS DE LA TRÉMOUILLE

Fr. 21506, 735 — 21507, 773, 791, 795, 797 — 21509, 882, 895, 923 — 21510, 948, 981 — 21511, 991.
Fr. 25783, 51 — 25786, 28.
Clair. 241, 649 — 244, 827 — 246, 931.

11 janvier 1504	1er mars 1504	15 déc. 1506	15 juin 1509	27 août 1509	1 mars 1510	27 mars 1510	30 mai 1515	28 août 1515	17 août 1516	3 mai 1517	4 mars 1518	8 août 1519	8 mars 1520	22 juill. 1523
De la Trémouille (1).	It.	It.	It.	It.	It.	It.	It.	It.	It.	It.	It.	It.	It.	It.
			De Baubergier (2).		De Cornillon.	It.	De Mazières (3).							

COMPAGNIE LA TRÉMOUILLE-BONNIÈRES

Clair. 240, 525, 535, 547, 551.
Fr. 21505, 664.

1500	19 février 1500	12 mai 1501	4 sept. 1501	18 janvier 1502
Cap. Jacques de la Trémouille Maulcon-Bonnières (1).	It.	It.	It.	It.
Lieut.	Cibus de Poisieux (2).	It.	It.	It.

COMPAGNIE PRINCE DE TALMONT

Clair. 242, 707, 720.
Fr. 25783, 35 — 25784, 121.

20 novembre 1501	10 sept. 1509	25 mai 1515	29 août 1515
Cap. De la Trémouille, prince de Talmont (1).	It.	It.	It.
Lieut.		De Stansaint.	It.

COMPAGNIE FRANÇOIS DE LA TRÉMOUILLE

Fr. 21515, 1141.
Clair. 248, 790 — 249, 1057 — 251, 1137 — 107, 153.

27 mars 1525	6 juill. 1525	7 août 1526	1ᵉʳ mars 1527	7 avril 1529
Cap. de la Trémouille (1).	It.	It.	It.	It.
Lieut.				Claude de Beauvillier (2).
Ens.				Claude de Brandyn.
Guid.				Jacques de la Brosse.

COMPAGNIE LA TRÉMOUILLE-TALMONT

Nouv. acq. fr. 8627.
Clair. 266, 2301 — 268, 2857 — 135, 2111.
Fr. 21530, 1969.

10 juin 1569	22 nov. 1569	27 janv. 1570	28 mars 1570	30 juillet 1571
Cap. Louis de la Trémouille, sieur de Talmont (1).	It.	It.	It.	It.
Lieut. Marc de la Beraudière (2).	It.	It.	It.	It.
Ens.	Gaspard de Foucault (3).	René Le Mastin (4).		Claude de la Gresille, sʳ de Baigneux (5).
Guid. François de la Trémouille (6).	It.	It.	It.	It.
Mar. des log. René de Poussart (7).	It.	It.	It.	It.

COMPAGNIE MARÉCHAL JEAN-JACQUES TRIVULZI

Fr. 21510, 982.

10 août 1519
Cap. Jean-Jacques Trivulzi (1).
Lieut. Marquis de Vigeva (2).

COMPAGNIE FRANCESCO TRIVULZI, MARQUIS DE VIGEVA

Fr. 21511, 1007.
Clair. 247, 939.

24 janvier 1521	12 octobre 1523
Cap. Francesco Trivulzi, marquis de Vigeva (1).	It.
Lieut. Comte Jérôme Trivulzi (2).	Comte Jean Trivulzi (3).

COMPAGNIE CAMILLO TRIVULZI

Fr. 21509, 911.
Clair. 244, 807, 809.
Fr. 25786, 74.

24 août 1516	25 juillet 1518	7 août 1519
Cap. Camillo Trivulzi (1).	It.	It.
Lieut.	Jean-Marie Jimet.	

COMPAGNIE TEODORO TRIVULZI

Fr. 21508, 846 — 21510, 1000 — 21515, 1238 — 21516, 1267 — 21518, 1367.
Clair. 245, 841.
Fr. 25786, 58.

26 mars 1512	5 juillet 1518	4 sept. 1520	24 janvier 1521	3 janvier 1539	29 décembre 1530	30 mai 1539
Cap. Téodore Trivulzi, marquis de Pizzighettone (1).	It.	It.	It.	It.	It.	It.
Lieut.			Paolo-Camillo Trivulzi (2).			
Ens.					Albert de Casale.	It.
Guid.					Mauro de Novato (Novare)(3).	It.

COMPAGNIE ALESSANDRO TRIVULZI

Nouv. acq. fr. 8617, 1.
Clair. 245, 835.

24 avril 1520	4 septembre 1520
Cap. Comte Alessandro Trivulzi (1).	It.
Lieut. André de Birague.	It.

COMPAGNIE RENÉ TRIVULZI

Fr. 21513, 1125
19 février 1526
Cap. René Trivulzi (1).

COMPAGNIE JÉROME TRIVULZI

Fr. 21512, 1070.
12 octobre 1523
Cap. Jérôme Trivulzi (1).

COMPAGNIE PIERRE D'URFÉ

Fr. 21506, 697, 699 — 21507, 799.
Clair. 241, 609.
Nouv. acq. fr. 8613, 11 — 8614, 5.

18 sept. 1501	9 févr. 1502	12 février 1502	31 juill. 1505	20 févr. 1506	7 juin 1506
Cap. Pierre d'Urfé (1).	It.	It.	It.	It.	It.
Lieut.		François d'Urfé, sieur d'Orose (2).		It.	It.

COMPAGNIE FRANÇOIS Ier

Clair. 212, 669, 679, 693.
Nouv. acq. fr. 8615, 26.

26 octobre 1512	4 septembre 1513	2 déc. 1514
Cap. Dauphin duc d'Alençon (1).	It.	It.
Lieut. René de Clermont (2).	Guy de Laval (3).	

COMPAGNIE LA VALETTE-CORNUSSON

Clair. 135, 2127.
Nouv. acq. fr. 8631, 60 — 8632, 178.

21 juin 1577	27 mai 1578	11 déc. 1579	13 août 1580	6-8 juin 1582
Cap. François de la Valette, baron de Cornusson (1).	It.	It.	It.	It.
Lieut.	Flotard de la Roquebouillac 2).	It.	It.	Antoine de Lestaing, sieur de Pomeyrols (3).
Ens.	Antoine de Lestaing, sieur de Pomeyrols (3).	It.	It.	François de Cros, sieur de Planèzes (4).
Guid.	François du Cros, sieur de Planèzes (4).	It.		Georges de la Roquebouillac (5).
Mar. des log.	Jean Hébrail de Boyre, sieur de Vreignac.	It.		It.

COMPAGNIE DUC D'ALENÇON

Clair. 242, 717 — 243, 757 — 244, 819 — 245, 865 — 247, 951, 961 — 248, 991.
Fr. 21509, 880, 900 — 21510, 952, 968, 975, 976 — 21512, 1054 — 2973, 39.

24 février 1515	24 mai 1515	25 août 1515	16 janv. 1516	25 août 1516	26 juin 1518	12 nov. 1518	6 mai 1519	23 juill. 1519	29 juill. 1519	22 nov. 1521	17 juin 1523	31 mars 1524	17 mai 1524	26 janv. 1526
Cap. Duc d'Alençon (1).	It.	It.	It.	It.	It.	It.	It.	It.	It.	It.	It.	It.	It.	
Lieut. Charles, bât. d'Alençon (3).	François de Silly, bailli de Caen (2).	It.	It.	It.		Le bâtard d'Alençon (3).	François de Silly (2).	It.	It.	It.		It.	It.	It
Ens.							René de Silly (4).					Foulques de Courtarvel (5)		It.
Mar. des log.												François de Silly (6).		It.

COMPAGNIE DUC CHARLES D'ORLÉANS

Clair. 253, 1291 — 254, 1303.
Fr. 21518, 1386 — 21519, 1432.
Nouv. acq. fr. 8620, 32.

5 octobre 1542	20 mars 1543	1544	21 août 1545	9 mars 1546
Cap. Charles de France, duc d'Orléans (1).	It.	It.	It.	It.
Lieut. Comte de Sancerre (2).	It.			
Ens. Claude de Bossu (3).	It.	Jacques de Monchy.		
Guid. Charles de Théligny (4).	Louis de Théligny (5).			
Mar. des log. Gilles du Chemin.	It.	It.		

COMPAGNIE DU DAUPHIN FRANÇOIS II

Clair. 255, 1367 — 256, 1419.

16 juillet 1549	21 janvier 1552
Cap. François, dauphin de France (1).	It.
Lieut. De Humières (2).	De Ruffey (3).
Sous-lieut. Jean de Humières (4).	Charles de Théligny (5).
Ens. Charles de Théligny (5).	
Guid. Louis de Launay.	Charles de la Roue (6).
Mar. des log. Artus de Rubempré (7).	Antoine de Lamet (8).

COMPAGNIE DUC D'ANJOU

Nouv. acq. fr. 8628, 6.

Clair. 261, 1725 — 262, 1783 — 267, 2571 — 272, 3173, 3669 — 123, 31.

Fr. 21527, 1846 — 21528, 1882.

4 juin 1565	23 mai 1566	13 mai 1567	6 juin 1567	18 janv. 1569	28 mai 1569	7 octobre 1572	11 mai 1573	5 juin 1574
Cap. Duc d'Anjou (1).	It.	It.	It.	It.	It.	It.	It.	It.
Lieut. François de Kernevenoy (2).	It.		It.		It.	René de Villequier, sieur d'Aubigny (3).	It.	It.
Sous-lieut.	Antoine de Montesquiou, sr de Sainte-Colombe (4).			It.	It.	François de Barbezières, sieur de Chemerault (5).	It.	It.
Ens. René de Rochefort (6).			It.		It.	Charles de Belleville (7).	It.	It.
Guid. Valérien d'Anglure (8).	It.		It.		Philibert le Voyer, sieur de Lignerolle (9).	Georges de Villequier, vicomte de la Guerche (10).	It.	Méry de Barbezières-Chemerault (11), depuis le 26 février.
Mar. des log. Charles Thiboutot (12).	It.				Jacques de Crémeur, sieur du Gast (13), remplacé par Charles des Réaulx (14).	Charles des Réaulx, sieur de Saint-Lynaud (14).	It.	It.

COMPAGNIE DU DUC D'ALENÇON

Nouv. acq. fr. 8626, 2 — 8631, 10.

Clair. 261, 1713 — 262, 1773 — 264, 1947 — 267, 2555 — 268, 2845 — 272, 3155, 3595 — 276, 4675 — 278, 5223.

Fr. 21527 — 21531, 2015 — 21534, 2118 — 21535, 2168.

Fr. 25804, 251.

31 mai 1565	20 mai 1566	23 mai 1567	1er juin 1567	23 nov. 1567	8 juin 1568	28 mai 1569	6 nov. 1569	23 juill. 1570	20 août 1570	6 octobre 1572	6 avril 1573	5 janvier 1574	17 mai 1574	18 déc. 1575	20 juin 1577	2 février 1580
Cap. Duc d'Alençon (1).	lt.	lt.	lt.	lt.	lt.	lt.	lt.	lt.	lt.	lt.	lt.	lt.	lt.	lt.	lt.	lt.
Lieut. Jean Babou, sr de la Bourdaisière (2).	lt.		lt.	lt.	lt.	lt.	lt.	lt.	lt.	Claude de Beauvilliers, sieur de Saint-Aignan (3).	lt.	lt.	lt.		lt.	Chrétien de Savigny (4).
Sous-lieut.	Claude de Beauvillier (3) remp. François de Mauléon (4).		lt.			lt.	lt.	lt.	lt.	François d'Escoubleau sr de Sourdis (5).	lt.	lt.	lt.		lt.	Louis de Breuil, sieur du Rascau.
Ens. Jean de Voisins, sieur de Beauregard (7).	lt.		lt.		lt.	lt.	lt.	lt.	lt.	lt.	lt.	Louis, baron de Mortemer (8).	lt.	lt.	Gabriel de la Rye, sr de la Coste-Mézières (9).	lt.
Guid. Claude de Beauvillier, sieur de Saint-Aignan (3).					François d'Escouilleau, sr de Sourdis (5).	lt.	lt.	lt.	lt.		Georges Babou, sieur de la Bourdaisière (10).		lt.		lt.	René de Montalais, sieur d'Ourne (11).
Mar. des log. Jean Audier, sieur de Védignac (12).	lt.		lt.			Jacques de Constant, sr de la Motte-Fontpertuis, nommé le 30 oct. 1567 (13).						Louis de la Fuillyère, sieur du Breuil.		Georges de Ligonnay, sr de la Boulleraye.	Louis de Varnier, sieur de Frenicourt.

COMPAGNIE GRAND PRIEUR DE FRANCE

Nouv. acq. fr. 8628, 38 — 8633, 95.
Clair. 264, 1915, 2005 — 265, 2185 — 268, 2739 — 275, 4423.
Fr. 21536, 2221.

22-23 novembre 1567	18 avril 1568	3 octobre 1568	20 septembre 1569	28 octobre 1575	11 juillet 1577	18 mars 1582
Cap. Le chevalier d'Angoulême, grand prieur de France (1).	It.	It.	It.	It.	It.	It.
Lieut. Henri de Lenoncourt (2).	It.	It.	It.	Comte de Montafié (3).	It.	Claude de Thésan, baron de Saint-Maximin (4).
Ens. Gaspard Erennes, sieur de Gordes (5).	It.	It.	It.	François d'Aubusson, sieur de la Feuillade (6).	Jean Duglas, sieur de Longueval (7).	Claude de Gérantes, baron de Senas (8).
Guid. François d'Aubusson, sieur de la Feuillade (6).	It.	It.	It.	Antoine de Brichanteau, sieur de Beauvais (9).	François des Essars, sieur de Meigneux (10).	Joachim de Vignaucourt (11).
Mar. des log. Guy du Verger, s' de Courcelles (12).	It.	It.	It.	It	It.	Renaud de Berannes, sieur de Courcelles (13).

COMPAGNIES DAUPHINS FRANÇOIS ET HENRI DE FRANCE

Clair. 252, 1201, 1215, 1227 — 253, 1283.
Nouv. acq. fr. 8620, 20, 30.
Fr. 21516, 1299 — 21517, 1317 — 21519, 1400, 1419.

	11 mai 1533	5 février 1535	10 avril 1535	11 août 1537	4 octobre 1538	24 avril 1539	17 septembre 1540	9 juin 1544	1544	12 octobre 1545
Cap. François de France (1).		It.	It.	Henri de France (2).	It.	It.	It.	It.	It.	It.
Lieut.		De Humières (3).	It.		It.	It.	It.	It.		It.
Sous-lieut.										Jean de Humières (4).
Ens.		Antoine de Bayencourt (5).	Jacques de Pas (6).	It.	It.	It.	Robert de Brouilly (7).	It.		It.
Guid.		Jacques de Pas (6).	Philippe de Calonne (8).	Claude de Clermont (9).	It.	It.	Jean de Humières (4).	François de Vivonne (10).	It.	It.
Mar des log.		Philippe de Calonne (8).			Robert de Brouilly (7).	It.		Artus de Rubempré (11).	It.	It.

COMPAGNIE GROIGNET DE VASSÉ.

Clair. 254, 1337 — 256, 1415 — 257, 1493.
Nouv. acq. fr. 8623, 1 — 8624, 9.
Fr. 25795, 104.
Fr. 21521, 1507.

29 mars 1547	6 mai 1550	4 nov. 1551	2 janvier 1552	5 février 1553	9 nov. 1554	15 juin 1558	28 janvier 1564
Cap. Groignet de Vassé (1).	It.	It.	It.	It.	It.	It.	It.
Lieut. Jean de Byards (2).				François de Vassé.	It.	Jean de Vassé (3).	It.
Ens. Charles de Sourbiers (4).	It.	It.	It.	It.	It.	Jacques de Courtaudet (5).	Achille de Vert, sieur de la Paruche (6).
Guid. Guillaume de la Boissière (7).	Jean de Coisnon (8).	It.	It.	It.	It.	Achille de Vert (6).	Louis de Coisnon, sieur de Dulbat (9).
Mar. des log. Clément de Parisy.	Florent Le Conte.	It.	It.	Ottoman Dallemaigne.	It.	It.	Jean du Liège, sieur de Charrault et Fley (10).

COMPAGNIE JEAN DE VASSÉ

Clair. 260, 1655, 1675 — 263, 1899 — 267, 2603 — 274, 4045 — 275, 4305.
Fr. 25800, 89.
Nouv. acq. fr. 8627, 65 — 8630, 19, 22, 46, 49.

20 mai 1564	15 nov. 1564	6 juin 1567	29 déc. 1568	29 mai 1569	25 novembre 1572	5 juin 1574	13 juin 1574	9 août 1575
Cap. Jean de Vassé (1).	It.	It.	It.	It.	It.	It.	It.	It.
Lieut. Achille de Voert, sieur de la Paruche.	It.	It.	It.	It.	François de Mollitart (2).	It.	It.	It.
Ens. Antoine Vassé, sieur de St-Georges-Foulletorte (3).	It.	It.	It.	It.	Jean de Mauger, sieur de Fay (4).	It.	It.	It.
Guid. Louis de Couesnon le jeune, sieur de Dulbat (5).	It.	It.	It.	It.	Jean Le Sesne, sieur de Ménylle (6).	It.	It.	It.
Mar. des log. Jean du Liège, sr de Charrault et Fley (7).	It.	It.	It.	It.	Jean de Tilly, sieur de Meygnanville (8).	It.	It.	It.

COMPAGNIE D'ESGUILLY

Clair. 260, 1657 — 263, 1895.
Fr. 21526, 1796 — 21528, 1868 — 21530, 2055 — 21531, 1992 — 21532, 2056 — 21534, 2139.

21 mai 1564	5 juin 1565	4 juin 1567	31 mr 1567	21 juillet 1569	20 novembre 1569	28 avril 1572	23 novembre 1574
Cap. Pierre Le Vavasseur, sr d'Esguilly (1).	It.	It.	It.	It.	It.	It.	It.
Lieut. Claude Gruel, sieur de la Frette (2).	It.	It.	It.	François de Molitart (3).	It.	It.	Claude Gruel, sr de la Frette (2).
Ens. Pierre de Mauger.	Jean de Mauger, sieur du Fay (5).	It.		It.	It.	It.	It.
Guid. François de Molitart (3).	It.	It.		Jean Le Sesne, sr de Ménylle (6).	It.	It.	François de Molitart (3).
Mar. des log. Julien du Plaisir, sr des Hayes (7)	It.	It.			Jean de Tilly, sr de Meygnanville (8).	It.	Julien du Plaisir, sr des Hayes (7).

COMPAGNIE LE VAVASSEUR D'ESGUILLY

Nouv. acq. fr. 8619, 13.

3 février 1530
Cap. Le Vavasseur d'Esguilly (1).

COMPAGNIE VEILHAN-GIREY

Clair. 269, 2939.
Fr. 21528, 1889 — 21536, 2216.

25 février 1569	2 mars 1571	11 juin 1577
Cap. Antoine de Veilhan, sieur de Giry (1).	Id.	Id.
Lieut. Adrien de la Rivière (2).	Id.	François de la Rivière, sieur de Champlemy (3).
Ens. Jean Damas (du Mas) (4).	Id.	Jean de Lanvaux, sieur de Crain et Brosse (5).
Mar. des log.	Pierre de Vessay, sieur de la Garenne (6).	Charles de Mullet, sieur de Collombier.

COMPAGNIE VIDAME LOUIS DE CHARTRES

Clair. 216, 923.

15 juillet 1523
Louis de Vendôme (1).

COMPAGNIE CARROUGES

Clair. 260, 1665 — 261, 1733 — 271, 3281, 3389 — 273, 3739 — 278, 5387 — 279, 5621.

Nouv. acq. fr. 8629, 29 — 8632, 37.

Fr. 21527, 1858, 2243.

Fr. 25800, 81.

29 août 1563	17 juin 1564	5 juin 1565	20 nov. 1567	19 juillet 1571	26 avril 1572	21 août 1572	16 oct. 1573	29 février 1576	28 décembre 1578	28 février 1581	28 août 1581
Cap. Tanneguy le Veneur, sieur de Carrouges (1).	It.	It.	It.	It.	It.	It.	It.	It.	It	It.	It.
Lieut. François Darne.	It.	It.	It.	Louis Le Pellerin, s^r de Gauville (2).	It.	It.	It.	It.	It.	It.	It.
Ens. Louis le Pellerin, sieur de Gauville (2).	It.	It.		Nicolas de l'Ammeral, sieur de Moulin-Chapel (3).	It.	It.	It.	It.	Philippe Le Seurronnier, sieur de la Boulerie (4).	Jacques de Warigniez, sieur de Blainville (5).	It.
Guid. François de la Vigne (6).	It.	It.		Philippe Le Seurronnier, sieur de la Boulerie (4).	It.	It.	It.	Charles du Severoux, sieur de la Baronnaye (7).	Robert de Launoy, sieur de Cricqueville (8).	It.	It.
Mar. des log. Philippe Le Seurronnier, sieur de la Boulerie (4).	It.	It.		Claude de Bonneuil, sieur du Perron (9).	François de Mennau, sieur de Villiers.	Claude de Bonneuil, sieur du Perron (9).	It.	It.	It.	l'.	It.

COMPAGNIE VIDAME DE CHARTRES

Clair. 256, 1389.
Nouv. acq. fr. 8621, 22.
Fr. 21521, 1537 — 21523, 1661.
Fr. 25795, 106 — 25798, 470 — 26800, 21.

14 janvier 1549	26 janv. 1551	24 avril 1551	26 avril 1553	31 janvier 1556	23 juillet 1556	4 août 1560
Cap. Vidame de Chartres (1).	It.	It.	It.	It.	It.	It.
Lieut. Jean d'O (2).		It.	It.		Jacques de Ferrières (3).	
Ens. Joachim de Montluc (4).	It	It.	It.	Julio Gagliardi (5).	It.	Girault de Mousserie (6).
Guid. Antoine de Grammont (7).			Julio Gagliardi (5).	Jacques d'Estampes (8).	It.	François de la Jugie (9).
Mar. des log. Gabriel Jousseaume.	It.	It.	René de Villiers du Rivau (10).	It.	It.	Charles de Gourdon (11).

COMPAGNIE VIENNE-RUFFEY

Clair. 279, 5605.

7 novembre 1581

Cap. Jean de Vienne, sieur de Ruffey (1).
Lieut. Antoine de Salins, sieur de Corrabœuf (2).
Ens. Pierre d'Autherat (3).
Guid. François de Clugny (4).
Mar. des log. Claude de Longueville (5).

COMPAGNIE VIENNE-LISTENOIS

Clair. 245, 863.

20 novembre 1521
Cap. François de Vienne, sieur de Listenois (1).
Lieut. Charles de Champrond.

COMPAGNIE ROBERT DE VIEUVILLE

Fr. 25832, 1365.

30 mars 1597
Cap. Robert de la Vieuville (1).
Lieut. Jean d'Argy, sieur de Remilly.
Ens. Renaud d'Argy, sieur d'Andrelly.
Guid. Philibert de Villelongue, sieur de Wuasigny (2).
Mar des log. Nicolas d'Oynet (3).

COMPAGNIE DE LA VIEUVILLE-CHAILLOUET

Nouv. acq. fr. 8627, 43.
Clair. 266, 2279, 2467.

19 mai 1568	8 mai 1569
Cap. Pierre de la Vieuville, sieur de Chaillouet (1).	It.
Lieut. Michel de Poisieu, baron d'Anglure (2).	It.
Ens. Claude du Fay, sieur de Puisieu (3).	It.
Guid. Louis d'Estourmel, sieur de Hamel (4).	It.
Mar. des log. Charles de Mongin, sieur de la Bardolle (5).	It.

COMPAGNIE VIEUXPONT-NEUFBOURG

Clair. 263, 1920

16 novembre 1567

Cap. M. de Vieuxpont-Neufbourg (1).
Lieut. Geoffroy de Grimouville (2).
Ens. Léonor de la Vallette, sieur de Labro (3).
Guid. Louis de la Fontaine, sieur de Liécourt (4).
Mar. des log. Gaspard de Mallet, sieur de Mauregard (5).

COMPAGNIE VILLEQUIER-ESTABLEAU-EVRY

Nouv. acq. fr. 8628 — 8629, 15 — 8631, 131 — 8633, 175.
Clair. 135, 2175 — 278, 5241.
Fr. 21537, 2263.

14 juillet 1569	6 novembre 1569	31 décembre 1570	13 août 1578	21 mars 1580	13 avril 1581	Septembre 1586
Cap. René de Villequier, s^r d'Estableau et Evry (1).	It.	It.	It.	It.	It.	It.
Lieut. Bastien de Chateauhodeau (2).	François de Montesquiou (3).	Antoine Neveu, sieur de Charnay (4).	Claude de Savary, sieur de Lancosme (5).	It.	It.	It.
Ens. Jean de Beaumerie.	Méry de Barbezières, sieur de Chemerault (7).	Antoine de Rochedragon, sieur de la Vilatte (8).	René du Cher, sieur de la Forest (9).	It.	It.	Philippe Le Bouteiller, sieur de Moncy (10).
Guid. Antoine Neveu, sieur de Charnay (4).	It.	Gilbert Le Borgne, sieur de Vernay (11).	Bastien de Ligondès (12).	It.	It.	Charles de Brouilly, sieur de Baligny (13).
Mar. des log. Guy de Fretaizes (4).	Gilbert Le Borgne, sieur de Vernay (11).	Jean de Malesset, sieur de Chastellux (15).	François Chardon, sieur du Breuil (16).	It.	It.	Antoine de Nyeul (17).

COMPAGNIE CLAUDE DE VILLEQUIER

Nouv. acq. fr. 8630, 42, 47 — 8632, 58.

Clair. 268, 2801 — 270, 3055.

Fr. 21533, 2103 — 21530, 2223 — 21537, 2246.

6 novembre 1569	10 février 1572	11 février 1574	19 février 1574	19 septembre 1575	2 mars 1576	6 août 1577	17 février 1579
Cap. Claude de Villequier, l'aîné, vicomte de la Guerche (1).	lt.	lt.	lt.	lt.	lt.	lt.	lt.
Lieut. René Ysoré, baron d'Ervault (2).	lt.	Anne de Chateauchalon, sieur de la Chatière et des Effes (3).	René de Coutances, sieur de la Salle et Baillon (4).	lt.	lt.	Anne de Chateauchalon, sieur des Effes (3).	lt.
Ens. René de Contances, sieur de la Salle et Baillon (4).	lt.	René d'Aloue, sieur de Chastelluz (5).	Anne de Chateauchalon, sieur de la Chatière (3).	lt.	lt.	René d'Aloue, sieur de Chastelluz (5).	lt.
Guid. François de la Béraudière, sieur d'Ursay (6).		Pierre du Mouchet, sieur de Saint-Quentin (7).	René d'Aloue, sieur de Chastelluz (5).	Pierre du Mouchet, sieur de Saint-Quentin (7).	René d'Aloue, sieur de Chastelluz (5).	Pierre du Mouchet, sieur de Saint-Quentin (7).	lt.
Mar. des log. Anne de Chateauchalon, sieur de la Chatière (3).	lt.	Jean Chabot, sieur de Chezaux (8).	Pierre du Mouchet, sieur de Saint-Quentin (7).	Jean Chabot, sieur de Chezaux (8).	Pierre du Mouchet, sieur de Saint-Quentin (7).	Jean Chabot, sieur de Chezaux (8).	lt.

COMPAGNIE GEORGES DE VILLEQUIER

Clair. 276, 4635.

28 mai 1577

Cap. Georges de Villequier, sieur de la Guerche (1).
Lieut. Mathieu de Fougères, sieur de Villiers (2).
Ens. François d'Aloigny, sieur de la Groye (3).
Guid. François de la Béraudière (4).
Mar. des log. André Buardon, sieur de Vallenfray.

COMPAGNIE DE VILLIERS ET BONNEVAL

Clair. 247, 983.

2 janvier 1526

Cap. Archambaut de Villiers, et Annet de Bonneval.
Lieut. Jean des Marestz.

COMPAGNIE VILLIERS-LA RIVIÈRE

Fr. 21528, 1870.
Fr. 25803, 321.

2 décembre 1567	10 juin 1569
Cap. Hardouin de Villiers, sieur de la Rivière (1).	It.
Lieut. Charles de Marconnay, sieur du Tillon (2).	It.
Ens.	René de Lestang (3).
Guid. René de Lestang (3), sieur du Breuil.	Eustache de Villiers.
Mar. des log. Ferry de Fieret, sieur de Haubervillier.	It.

COMPAGNIE VIMERCATI

Fr. 21529, 1916 — 21531, 2016 — 21537, 2249.

6 novembre 1563	21 mai 1569	28 août 1570
Cap. Scipion Vimercati.	It.	It.
Lieut. Annibal Mariano.	It.	It.
Ens. Francesco Desterno.		It.
Guid. J. B. Cappe (Cappoulo).	It.	Grazio de Sanseverino.
Mar. des log. Batista Malénde ou Malerida.	Francesco de Solle, mort avant le 28 août 1570	Pierre Jaucau.

COMPAGNIE GALEAZZO VISCONTI, COMTE DE BEUST

Clair. 246, 907.
Fr. 21513, 1118.

7 juin 1523	28 janvier 1526
Cap. Galeazzo Visconti, comte de Beust (1).	I.

COMPAGNIE BARNABO VISCONTI

Fr. 21510, 959, 990 — 21514, 1182, 1189.
Clair. 244, 823 — 444, 103.
Fr. 25788, 182.

25 juillet 1518	8 février 1519	10 août 1519	29 mars 1524	28 mars 1526	14 janvier 1528	19 mai 1528
Cap. Barnabo Visconti, s' de Moriac (1).	It.	It.	It.	It.	It.	It.
			Jean-Albert Morneille (2)			

COMPAGNIE VIVONNE-LA CHATAIGNERAYE

Nouv. acq. fr. 8627, 74.
Clair. 268, 2689.
Fr. 21528, 1892.

26 mars 1569	4 juill. 1569	12 janv. 1570
Cap. Charles de Vivonne, sieur de la Chataigneraye (1).	It.	It.
Lieut. Gaston de le Touche, sieur de la Faye (2).	It.	It.
Ens. Jean Chesnel, sieur de Meux (3).	It.	It.
Guid. Vivien de Polignac (4).	It.	It.
Mar. des log. Magdelon de Villedon, sieur de Perrefons (5).	It.	It.

COMPAGNIE RUFFEC

Fr. 21531, 1998.
Clair. 264, 1979, 2035.

24 avril 1568	3 janv. 1569	23 décembre 1569
Cap. M. de Ruffec (1).	It.	It.
Lieut. Urbain du Tillon, sieur de Fare (2).	It.	Claude le Poulere (3).
Ens. Pierre Frotier, sieur de Chamousseau (4).	It.	Jean de Chessé.
Guid. Perceval de Volvire, sieur de l'Abergement (5).	It.	
Mar. des log. Georges de Moussy, sieur du Péron (6).	It.	It.

SUPPLÉMENT

COMPAGNIE IMBERT DE BATARNAY

Clair, 120, 26.

1er mars 1504

Cap. Imbert de Batarnay.

COMPAGNIE ANTOINE DE BAISSEY

Clair, 120, 6.

20 mai 1500

Cap. Antoine de Baissey.

COMPAGNIE ROBERT DE BALSAC

Nouv. acq. fr. 1460, 10.

21 mai 1504

Cap. Robert de Balsac.
Lieut. bâtard de Balsac.

COMPAGNIE MONTPENSIER

Nouv. acq. fr. 1460, 16.

5 mai 1552

Cap. Louis de Bourbon, sieur de Montpensier.
Lieut. Jean de Bueil, sieur de Fontaines.
Ens. Claude de Rochechouart, sieur de Chandenier.
Guid. François du Bouchet, sieur de Sourches.
Mar. des log. François de Villefavart.

COMPAGNIE LISTENOIS

Clair. 261, 2013 — 266, 2457.

19 avril 1568	6 mai 1569
Cap. Antoine de Vienne, sieur de Bauffremont (1).	It.
Lieut. Guy de la Tournelle (2).	It.
Ens. Hughes de Rouvray (3).	It.
Guid. Jean de Pot, sieur de Blaisy (4).	It.
Mar. des log.	Jean de Sercey.

COMPAGNIE CLERMONT-MONTOISON

Nouv. acq. fr. 8617, 11.
Clair. 33, 5.

25 octobre 1504	30 janvier 1526
Cap. De Clermont, comte de Montoison.	It.

COMPAGNIE JACQUES D'ALBON

Nouv. acq. fr. 8622, 5, 14 — 8624, 11.
Fr. 21520, 1462 — 21521, 1517, 1519 — 21522, 1559, 1575 — 21524, 1688.

27 juin 1550.	22 juillet 1550	17 juillet 1551	27 janvier 1552	28 avril 1552	25 avril 1554	29 juillet 1554	15 août 1557	23 juin 1558
Cap. Jacques d'Albon, sr de Saint-André (1).	It.	It.	It.	It.	It.	It	It.	It.
Lieut. François de Scépaux, sieur de Vieilleville (2).	It.	It.	It.	It.	It.	Jean de Gontaut, sieur de Biron (3).	It.	
Ens. Jean de Hautemer, sieur de Fervacques (4).	It.	It.	It.	It.		Antoine de Chazeron (5).	It.	It.
Guid. Antoine de Chazeron (5).	It.	It.	It.	It.	It.	Jean de Balaguier, sr de Montsallès (6).	It.	It.
Mar. des log. Pierre Sebille de Moizaudières (7).	It.	It.	It.	It.	It.		Charles de Rabeau (8).	It.

FIN

BERGERAC

IMPRIMERIE GÉNÉRALE DU SUD-OUEST (J. CASTANET)